Thomas Schärtl

Wahrheit und Gewissheit
Zur Eigenart religiösen Glaubens

Topos^plus Taschenbücher

Topos plus **Verlagsgemeinschaft**

Butzon & Bercker, Kevelaer | Don Bosco, München
Echter, Würzburg | Verlag Katholisches Bibelwerk, Stuttgart
Lahn-Verlag, Limburg Kevelaer | Matthias-Grünewald-Verlag, Mainz
Paulusverlag, Freiburg Schweiz | Friedrich Pustet, Regensburg
Tyrolia, Innsbruck Wien

Bibliografische Information der Deutschen Bibliothek

Die Deutsche Bibliothek verzeichnet diese Publikation in der Deutschen
Nationalbibliografie; detaillierte bibliografische Daten sind im Internet
über http://dnb.ddb.de abrufbar.

Einband- und Reihengestaltung:
Akut Werbung GmbH, Dortmund
Herstellung: Pustet, Regensburg
Printed in Germany

Topos plus – Bestellnummer: 3-7867-8526-0
www.toposplus.de

Inhalt

Vorwort

Der Haupttitel „Wahrheit und Gewissheit" erinnert an bisweilen trockene Erkenntnislehrevorlesungen, durch die sich manche(r) Studierende der Theologie oder Philosophie hindurcharbeiten musste – nicht unbedingt mit Begeisterung angesichts der Sprödigkeit der Materie. Dass es hier nicht um Trockenübungen in Erkenntnistheorie, sondern um eine von verschiedenen Seiten her beleuchtete Auseinandersetzung mit der Eigenart des religiösen Glaubens geht, mag der Untertitel in Erinnerung rufen. Beide Abschnitte des Buchtitels treffen sich sachlich in dem, was in der zeitgenössischen angloamerikanischen Philosophie „Religious Epistemology" heißt: die Erkenntnislehre im Blick auf den religiösen Glauben. Hauptanliegen der unter diesem Schlagwort auftretenden philosophischen Bemühung ist die Frage, ob der Glaube vernünftig ist.

Im jüngsten Teil seiner erkenntnistheoretischen Trilogie stellt der amerikanische Philosoph Alvin Plantinga – momentan wohl der am meisten Aufsehen erregende Stichwortgeber und Vordenker der „Religious Epistemology" – sich selbst (und seinem bisherigen Œuvre) kritisch die Frage, wieso man sich als Philosoph oder Theologe überhaupt auf die Auseinandersetzung um die Vernünftigkeit des Glaubens einlassen muss:

> „Welche Frage (oder Fragen) *ist* (sind) es, die die Kritiker hartnäckig zu stellen meinen, wenn sie fragen, ob der christliche und theistische Glaube rational oder rational verteidigbar oder rational rechtfertigbar oder was auch immer ist? Kritiker behaupten, dass der christliche Glaube nicht rational gerechtfertigt oder rechtfertigbar sei. Was aber ist nun genau die Schwäche oder der Defekt, die sie dem christlichen Glaubenden zuschreiben? Was ist eigentlich die Frage? Nenne diese Frage die ‚Metafrage'. Ein Problem mit den zeitgenössischen Diskussionen um die Rechtfertigung des christlichen Glaubens besteht darin, dass die Metafrage beinahe nie ge-

stellt wird. Die Leute fragen, ob der christliche Glaube vernünftig oder verantwortbar oder vernünftig rechtfertigbar ist; sie wenden sich unmittelbar der *Antwort* auf diese Frage zu, ohne zunächst zu überlegen, was eigentlich die Frage ist."[1]

Wir haben uns vermutlich an eine permanente Verteidigungsposition gewöhnt, die uns gleich dazu anleitet, in die Diskussion um die Vernünftigkeit des Glaubens einzusteigen und nicht in aller Ruhe die Metafrage zu stellen. Aber haben wir dazu eigentlich die notwendige Ruhe? Haben nicht – gerade im „alten Europa" anders als in den Vereinigten Staaten – Aufklärung und Religionskritik so vehement an der Plausibilität des christlichen Glaubens gerüttelt, dass wir uns gar nicht mehr in der Position sehen, alle Anfragen großspurig abzuweisen? Und selbst wenn wir die Einwände der Religionskritik ihrerseits für fragwürdig, sogar für kurzatmig halten, gebietet es doch das hermeneutische Prinzip des Wohlwollens („principle of charity"), den Anfragen und Einwänden ein rationales, also verständiges und verstehbares Anliegen zu unterstellen und ein Gespräch, sofern es gesucht wird, nicht zu verweigern. Gleichzeitig mahnt uns die nicht immer friedvolle Geschichte der Religionen, das Gespräch zu führen, damit wir nicht den sonst vielleicht berechtigten Ideologieverdacht auf uns ziehen. In dieser Hinsicht sind An- und Einsprüche einer kritischen Philosophie nicht überflüssige Beckmesserei, sondern eine Art „firewall", die uns vor Aberglaube und Irrsinn schützen will.

Die folgenden Ausführungen – sie bleiben angesichts der Kürze des Büchleins Skizzen – haben ein bescheidenes Ziel. Sie wollen „nur" zeigen, dass der/die Glaubende nicht verantwortungslos ist, wenn er/sie an Gott, speziell den christlichen Gott glaubt. Solch ein Ziel ist vergleichsweise mager. Aber vielleicht ist gegenwärtig – in einer Situation immer stärker werdender Pluralisierung – nicht mehr zu erwarten oder zu verlangen.

Das vorliegende Buch ist auf der Grundlage langen Nachdenkens gewachsen. Die formulierte Position ist keineswegs fertig oder abgeschlossen, sondern versteht sich als Denkangebot. Ohne die Impulse durch meine akademischen Lehrer und Gesprächspartner wäre mir meine Sicht der Dinge nicht so klar geworden, dass ich sie hätte in ein Buch packen können. Daher danke ich von Herzen Herrn Prof. Dr. Dr. Friedo Ricken SJ (München), Herrn Prof. Dr. Peter Hünermann (Tübingen), Herrn Prof. Dr. Wolfgang Beinert (Regensburg), Herrn Prof. Dr. Josef Meyer zu Schlochtern (Paderborn), Herrn Prof. Dr. Dr. Klaus Müller (Münster) und Herrn Prof. Dr. Jürgen Werbick (Münster) für die vielgestaltigen Anregungen, die ich aus ihren Gesprächen und Schriften erhalten habe, um meinen eigenen Standpunkt noch genauer zu klären. Danken möchte ich an dieser Stelle auch dem Verlagshaus F. Pustet für die gedeihliche Zusammenarbeit, Herrn Dipl.-Theol. Tobias Kampmann für die in jeder Hinsicht herausragenden und außerordentlich geduldigen Lektoratsdienste und Frau cand. theol. Jasmin Hassel und Herrn cand. theol. Andreas Reitinger für die Sorgfalt und Umsicht des Korrekturlesens ebenso wie für das stets aufschlussreiche und motivierende Feedback. Ein nicht weniger wichtiger Dank gilt Barbara Kastenbauer für viele gute Gespräche, die mir weitergeholfen haben.

Gewidmet ist das vorliegende Büchlein meinem Doktorvater Peter Hünermann anlässlich seines 75. Geburtstages.

1. Vernunft und religiöser Glaube

Wie vernünftig muss oder kann der religiöse Glaube sein? Wie weit kann sich das Geschäft der Vernunft auf Glaubensdinge erstrecken? John Locke († 1704) hat in dieser Hinsicht einen durchaus nachvollziehbaren Grundsatz formuliert, der die Richterrolle der Vernunft im Bereich des Glaubens untermauert – gerade was die Fragen der Glaubwürdigkeit des Glaubens betrifft:

> *„Die Vernunft muß unser oberster Richter und Führer in allen Dingen sein.* Damit will ich nicht behaupten, daß wir die Vernunft zu Rate ziehen müßten, um zu untersuchen, ob ein Satz, der von Gott geoffenbart ist, sich durch natürliche Prinzipien ermitteln lasse, und daß wir ihn, wenn das nicht möglich ist, verwerfen dürfen. Wohl aber müssen wir die Vernunft zu Rate ziehen, um mit ihrer Hilfe zu prüfen, ob jener Satz von Gott geoffenbart sei oder nicht. Wenn die Vernunft dann findet, daß er von Gott geoffenbart sei, dann erklärt sie sich ebensosehr für ihn wie für irgendeine andere Wahrheit und macht ihn zu ihrer Richtschnur.“[2]

Dass es nicht bei einem solchen positiven Verständnis der Richtergewalt bleiben muss, lässt sich an der Position David Humes († 1776) ersehen. Er verbindet nämlich ein ähnliches Bekenntnis zur Richterrolle der Vernunft mit einer pessimistischen Sicht auf den Ausgang des Verfahrens, da er in seiner *Naturgeschichte der Religion*[3] das meiste, was in der faktischen, tradierten Religion gelebt wird, zum Aberglauben rechnet und für die inneren Motive des religiösen Glaubens die vernunftblinden Affekte des menschlichen Lebens verantwortlich macht. Was nach einem skeptischen Reinigungsprozess von der faktischen Religion übrig bleibe, könne nur eine Art Vernunftreligion sein, die wesentlich in dem Gedanken besteht, dass eine die Ordnung des Universums begründende Ursache eine Ähnlichkeit mit der menschlichen Intelligenz aufweisen müsse.[4] Humes Skepsis lässt von den entscheidenden Instanzen des christlichen Theismus kaum mehr etwas übrig.[5] Hume kann als Beispielfall genommen werden für ein weitreichendes Eindringen rationaler Anfragen in den Bereich des religiösen Glaubens. Der faktische, gelebte Glaube sitzt hier auf der Anklagebank vor dem Richterstuhl der Vernunft und muss praktisch nackt und bloß, als Aberglaube enttarnt, den Gerichtssaal verlassen:

> „Was für ein edles Vorrecht ist es doch für die menschliche Vernunft, die Erkenntnis des höchsten Wesens zu erlangen und von den sichtbaren Naturwerken auf ein so erhabenes Prinzip wie das ihres höchsten Schöpfers schließen zu können! Aber man betrachte einmal die Kehrseite der Medaille. Wenn man die meisten Völker und Jahrhunderte überblickt und diejenigen religiösen Prinzipien untersucht, die tatsächlich in der Welt geherrscht haben, so wird man kaum zu der Überzeugung gelangen, daß sie etwas anderes als die Träume kranker Menschen sind. […]
> Es gibt keine noch so schreienden theologischen Unsinnigkeiten, die nicht bisweilen von Leuten mit größtem und gebildetstem Verstand angenommen, und keine noch so strengen religiösen Vorschriften, die nicht von den wollüstigsten und lasterhaftesten Menschen befolgt worden wären."[6]

Humes gnadenlose Kritik ist auch aufgrund ihres Einflusses Anlass genug, um grundsätzlich nach dem Verhältnis von Religion und Vernunft, von Glaube und Begründung zu fragen. Wie sehr muss sich der religiöse Glaube einem Zugriff der Vernunft aussetzen? Hume, der Pessimist, sieht eine Rettung für den Glauben – für die faktische, gelebte Religiosität, die sich auf vieles stützt, was durch das Raster vernünftiger Anfragen fallen müsse (wie Wunder und Prophezeiungen) – nur durch strikte Trennung von aller Vernunft, durch bedingungslose Kapitulation und Rückzug auf einen Bezirk jenseits aller Vernunft. So schreibt er gegen all jene, die auf eine Versöhnung von Vernunft und Glaube hoffen:

> „Ich bin mit der hier entwickelten Methode der Vernunfttätigkeit um so zufriedener, als sie meines Erachtens dazu dienen kann, jene gefährlichen Freunde oder versteckten

Feinde der christlichen Religion abzuführen, die es unternommen haben, sie mit den Prinzipien der menschlichen Vernunft zu verteidigen. Unsere allerheiligste Religion gründet sich auf Glauben, nicht auf Vernunft. Es ist der sichere Weg, sie bloßzustellen, wenn man sie einer solchen Probe aussetzt, die zu bestehen sie in keiner Weise geeignet ist."[7]

Kehren wir noch einmal zurück zu dem Bild, das das prekär erscheinende Zueinander von Vernunft und Glaube bedingt, das Bild vom Richter und vom Gericht. Denn man kann durchaus fragen: Ist die Situation des Gerichtsprozesses überhaupt fair und angemessen? Mit welchem Recht und auf welcher Grundlage wird – die Richterrolle sei der Vernunft zunächst einmal zugestanden – die Anklage formuliert und das Verfahren eröffnet? Als Grundlage kann selbst wiederum nur ein bestimmtes Bild vom Ort des religiösen Glaubens herangezogen werden: Der Glaube gilt als etwas, dessen Daseinsberechtigung erst erwiesen, dessen Güte erst verhandelt, über dessen weiteres Existenzrecht erst ein Beschluss herbeigeführt werden muss.

1.1 Der Glaube als Grundphänomen und Instinkt

Ein vollkommen anderes Bild bieten uns dagegen unabhängig voneinander Ludwig Wittgenstein († 1951) und Charles S. Peirce († 1914). Für Wittgenstein gehört religiöser Glaube in den Bereich der Grunddaten, der Grundgegebenheiten, der Grundphänomene des menschlichen Lebens.[8] In ihm drückt sich etwas aus, das so elementar ist für das menschliche Leben wie z. B. Essen oder Schlafen – Erfahrungen, Verhaltensweisen und Einstellungen also, die sich nicht andemonstrieren lassen, die auch nicht erst bewiesen oder begründet werden müssen, sondern einfach da sind, wie unser Leben selbst. Zu solchen, auf dem Boden des religiösen

Glaubens liegenden Erfahrungen zählen nach Wittgenstein z. B. die Erfahrung von Verzweiflung, Schuld oder auch Vergebung[9], so dass er folgern kann:

> „Das Leben kann zum Glauben an Gott erziehen. Und es sind auch *Erfahrungen*, die dies tun; aber nicht Visionen, oder sonstige Sinneserfahrungen, die uns die ‚Existenz dieses Wesens‘ zeigen, sondern z. B. Leiden verschiedener Art. Und sie zeigen uns Gott nicht wie ein Sinneseindruck einen Gegenstand, noch lassen sie ihn *vermuten*. Erfahrungen, Gedanken, – das Leben kann uns diesen Begriff aufzwingen.“[10]

An anderer Stelle deutet Wittgenstein weitere Erfahrungen mit religiöser Qualität an, die sich aber nicht mehr einfach vernünftig verrechnen lassen, da wir sie schon sprachlich nicht mehr einfach, d. h. beschreibend artikulieren können, obwohl sie bedeutsame Erfahrungen sind: das Staunen über die Existenz der Welt oder das Erlebnis absoluter Sicherheit oder Geborgenheit.[11] Solche Erfahrungen müssen notwendigerweise gleichnishaft oder bildlich artikuliert werden – eine Artikulationsform, die leicht im Verdacht steht, unklare oder uneigentliche Redeweise zu sein. Aber die dahinter stehende Erfahrungsgrundlage selbst lässt sich nicht wegleugnen. Sie gehört zum Menschen, bricht sich Bahn, kommt im Leben vor, noch ehe sich die Vernunft an die Analyse dieser Erfahrung gemacht hat. Der religiöse Glaube fließt gewissermaßen aus solchen Erfahrungen, er antwortet auf sie, verund bearbeitet sie, indem er einen Ort bereitstellt, an dem solche Erfahrungen mit dem Leben der Menschen, aber auch mit den Artikulationsmöglichkeiten der Sprache verbunden werden können, so z. B. im Gebet. Weil solche Erfahrungen einfach da sind, weil sie im Leben von Menschen vorkommen und zu diesem Leben gehören, kann die Vernunft nicht über deren Existenzberechtigung und deren Dasein urteilen, sondern nur und ausschließlich über eventuelle *Behauptungen*, die daraus folgen. Dabei muss sie aber im Blick behalten, dass nicht jede Artikulation dieser Erfahrungen schon eine Behauptung ist. In seiner Auseinandersetzung mit James Frazers († 1941) ethnologischem Werk *The Golden Bough*, das dazu tendierte, Religiosität und Religion als etwas Un- oder Voraufgeklärtes zu betrachten, schreibt Wittgenstein:

> „Frazers Darstellung der magischen und religiösen Anschauungen der Menschen ist unbefriedigend: sie läßt diese Anschauungen als *Irrtümer* erscheinen.
>
> So war also Augustinus im Irrtum, wenn er Gott auf jeder Seite der *Confessiones* anruft?
>
> Aber – kann man sagen – wenn er nicht im Irrtum war, so war es doch der Buddhistische Heilige – oder welcher immer – dessen Religion ganz andere Anschauungen zum Ausdruck bringt. Aber *keiner* von ihnen war im Irrtum, außer wo er eine Theorie aufstellte."[12]

Diese Sequenz könnte auch gegen Hume geschrieben worden sein. Dabei geht es Wittgenstein nicht um ein Plädoyer für irgendeine Art von Fideismus, d. h. für ein Programm, das vom Menschen einen blinden Sprung in den Glauben erwartet, den die Vernunft nicht begleiten kann. Wittgensteins Hinweis ist schon deshalb nicht fideistisch, weil der Mensch nicht in den Glauben hineinspringt, sondern weil der Glaube aus bestimmten Grunderfahrungen sozusagen „herausspringt" bzw. weil der religiöse Glaube die Form ist, durch die diese Erfahrungen in Lebensform und Sprache kommen können. Wittgenstein geht es also um die Sensibilisierung für feine Differenzen:

Die Unterscheidung von Wahrheit und Irrtum kommt erst da ins Spiel, wo es um *Theorie* geht, also um ein Gefüge behauptender Sätze. Doch die Wurzeln des religiösen Glaubens reichen in etwas hinab, das noch vor dieser Unterscheidung liegt und was nicht als *theoretisch* gekennzeichnet werden kann – nämlich in ein elementares menschliches Verhalten und in den Bereich grundsätzlicher Einstellungen, die sich aus bestimmten existenziellen Erfahrungen speisen, die zum Leben des Menschen gehören wie Atmen, Essen, Schlafen etc. Die Vernunft kann nicht über diese Erfahrungen „zu Gericht sitzen", auch nicht über ihre genuinen Ausdrucksformen, sondern nur über *Behauptungen*, die mit solchen Erfahrungen verbunden werden.

Ein den religiösen Glauben grundierendes Verhalten erwähnt Wittgenstein nur en passant, obwohl es entscheidend ist, um das Verhältnis von Vernunft und Glaube zu verstehen. Er gibt mit dem Hinweis auf Augustinus ein Beispiel: die Anrufung Gottes. Genau der Unterschied zwischen Anrufung und Behauptung markiert die verschiedenen Positionen in der Verhältnisbestimmung von Glaube und Vernunft. Das Verhalten der Anrufung hat ein Eigenrecht, weil es Reaktion auf elementare Erfahrungen – wie das Staunen über die Existenz der Welt, die Erfahrung von Leid, Verzweiflung oder Vergebung – ist. Es ist nicht unvernünftig, wohl aber vor-vernünftig:

> „Wenn der an Gott Glaubende um sich sieht und fragt »Woher ist alles, was ich sehe?«, »Woher das alles?«, verlangt er *keine* (kausale) Erklärung; und der Witz seiner Frage ist, daß sie der Ausdruck dieses Verlangens ist. Er drückt also eine Einstellung zu allen Erklärungen aus […]."[13]

Während Wittgenstein auf die Tatsache verweist, dass der Glaube auf Erfahrungen aufruht, die von vornherein ein Eigenrecht haben, weil sie weder andemonstriert noch wegreduziert werden können, macht Charles S. Peirce in seinem Ansatz deutlich, dass es auch für Vernunft und Wissenschaft einen vor-rationalen Grund gibt, dem die Dynamik von Wissenschaft mehr verdankt, als sie zunächst meint. Peirce nennt diesen Grund „Instinkt". Der Instinkt schafft eine Grundlage etwa in der Form eines Weltbilds oder eines konzeptionellen Rahmens, die es erst gestattet, dass sich die wissenschaftliche Vernunft einigermaßen sicher bewegen kann. Die kreativen Dimensionen von Wissenschaft – wie etwa die

Konstruktion von neuen Annahmen oder Theorien – brauchen diese vorrationale Grundlage. Und sie ist auch in religiösen Dingen entscheidend, weil sich der Glaube an Gott wesentlich einem solchen Instinkt verdankt und nicht dem kühlen Räsonnieren einer wissenschaftlich agierenden Vernunft.[14] Peirce zeigt eindrücklich, wie der Glaube an Gott aus Erfahrungen entspringt, die eine Haltung des Menschen zur Voraussetzung haben, die noch vor jedem rationalen Kalkül liegt. Peirce beschreibt diese Haltung als *Versonnenheit* („musement") – als freies Spiel unserer geistigen Kräfte, als Zustand absichtsloser Aufmerksamkeit.[15] Dieser Haltung kann es gelingen die verschiedenen Facetten der Wirklichkeit (Peirce spricht von „drei Universen": dem Universum der reinen Ideen, dem der reinen Aktualität von Dingen und Tatsachen, dem der die Gegenstände verbindenden Kräfte, insbesondere der Zeichen) so miteinander zusammenzusehen, so in sich aufzusaugen, dass die Verbundenheit der drei Universen, eine unleugbare Wechselverweisung aller Dinge und Ereignisse, auch in ihrer ästhetischen Dimension erfahrbar wird. In diesem in der Haltung der Versonnenheit möglichen spielerischen Hin- und Hergehen stellt sich dann sozusagen fast unwillkürlich der Gedanke an die Existenz Gottes ein – der Gedanke an die Existenz eines absolut höchsten, eines absolut notwendigen Wesens.

Obwohl Peirce diesen Gedanken zunächst als etwas Hypothetisches bezeichnet, ragt der Gottesbegriff für einen Menschen, der der Wirklichkeit in der eben genannten Weise von Versonnenheit gegenübertritt weit in das Leben hinein – und zwar weit mehr als das eine wissenschaftliche Hypothese könnte: Wer ausgehend von der Versonnenheit auf die Hypothese „Gott" stößt, wird in einer Weise berührt, die die Tiefe der eigenen Natur bewusst macht im Lichte der Schönheit eben dieser Idee, die da „Gott" heißt. Dieser Mensch wird unwillkürlich dieser Hypothese gegenüber in eine Beziehung eintreten, die sich in Verehrung, Liebe und Hingabe konkretisiert, sobald er sich gestattet, die Wirklichkeit im Lichte des Gottesbegriffes zu betrachten, so dass sich der im wissenschaftlichen Sinne hypothetische Charakter dieses Gedankens sehr schnell verflüchtigt. Die Herkunft des Gottesgedankens hat etwas Instinktives, weil er nicht aus einem formalen Argument, sondern aus einem absichtslosen Blick des Menschen gewonnen ist. Da solch ein Instinkt auch die Kraft der wissenschaftlichen Vernunft speist, kann man nicht von einem unvernünftigen, sondern von einem vor- oder sogar ur-vernünftigen Standpunkt sprechen, der im religiösen Glauben ansichtig wird. Der Gottesgedanke mag wie eine Hypothese aussehen, aber die Stärke, mit der wir diesem Gedanken zustimmen und unser Leben und unsere Sicht auf die Welt auf diesen Gedanken hin ausrichten, kommt daher, dass die in der Haltung der Versonnenheit erlebte Einsicht in uns etwas antrifft, das diesen Gedanken verdichtet und ins Leben hineinspielt: den Instinkt.[16]

1.2 Labor oder Marktplatz?

Einer der einflussreichsten Religionsphilosophen der Gegenwart, Richard Swinburne, erregte mit einer Revitalisierung der Gottesbeweise großes Aufsehen.[17] Swinburne versuchte dabei – ausgehend von Einsichten der Wissenschaftstheorie und Wissenschaftspraxis –, Argumente für die Existenz Gottes auf eine wahrscheinlichkeitstheoretische Grundlage zu stellen. Dabei sollte gezeigt werden, dass die Annahme der Existenz Gottes einen höheren Wert hat, um bestimmte Phänomene zu erklären, als die Annahme der Nichtexistenz Gottes:

> „Die Existenz des Universums, seine Ordnung, die Existenz von Tieren und Menschen, die Fähigkeiten des Menschen zur Zusammenarbeit beim Erwerb von Wissen und bei der Gestaltung des Universums, der Verlauf der Geschichte und das Vorkommen von Wundern sowie schließlich die Tatsache religiöser Erfahrungen sind allesamt Ereignisse, die wir mit

gutem Grund erwarten dürfen, wenn es einen Gott gibt, und die wir viel weniger Grund hätten zu erwarten, wenn es ihn nicht gibt."[18]

Swinburne betrachtet den Satz „Gott existiert" also als Hypothese, für deren Geltung Argumente gesammelt werden müssen, damit der Mensch eine Grundlage findet, um die lebenspraktischen Konsequenzen aus der Bestätigung einer Wahrscheinlichkeit, die für das Beibehalten dieser Hypothese spricht, zu ziehen:

> „Entscheidend […] ist, ob alle Argumente zusammen die Existenz Gottes auch wahrscheinlich machen, ob das Abwägen relevanter Beweismaterialien den Theismus begünstigt oder nicht. Denn insofern die Wahrscheinlichkeit einer Hypothese für die Frage wichtig ist, ob wir auf ihrer Basis handeln oder nicht handeln sollen, sollten wir doch offensichtlich auf der Basis einer solchen Hypothese handeln, deren Wahrheit nicht nur aufgrund eines begrenzten Wissens, sondern aufgrund aller uns zur Verfügung stehenden Beweismaterialien […] wahrscheinlich ist."[19]

Nach welcher Strategie geht Swinburne hier vor? Wir fühlen uns zunächst an einen Detektiv wie Sherlock Holmes erinnert, der akribisch Spuren sichert und Beweise zusammenträgt, bevor er Schlüsse zieht und Hypothesen als gültig betrachtet. Man könnte aber zugleich auch an einen Naturwissenschaftler denken, der sich damit abmüht, eine bestimmte Hypothese, die eine Reihe von bis dato rätselhaft bleibenden Phänomenen erklären soll, zu bestätigen oder eventuelle Gegenhypothesen aus dem Weg zu räumen. Swinburne arbeitet gewissermaßen im Labor, sein Untersuchungsgegenstand ist die uns umgebende Welt: das Entstehen des Universums, die Ordnung der Dinge, der menschliche Geist und seine Moralität, eine bestimmte Art von Erfahrungen, die wir religiös nennen etc. Seine Hypothese lautet: „Gott existiert." An ihr festzuhalten gestattet sich Swinburne erst, wenn eine höhere Wahrscheinlichkeit *für* diese Hypothese spricht als gegen sie.

Kommt der Glaube aus einer konsolidierten Hypothese? Müssen wir, um am Glauben an Gott festzuhalten, ins Labor treten und all unser verfügbares Wissen über die Entstehung des Kosmos, die Strukturen des Lebens, die Eigenart unseres Handelns in die Waagschale werfen, um zu einer Entscheidung über die Berechtigung des Glaubens an Gott zu kommen? Hat die Vernunft ein prinzipielles und grundsätzliches Vetorecht? Diese Fragen lassen sich als Streit um die adäquate Haltung im Bezug auf Glaubensannahmen begreifen. Das sollen die folgenden Ausführungen noch genauer erhellen:

William Clifford († 1879) hat in seinen Überlegungen zu einer Ethik des Glaubens – nicht nur des religiösen Glaubens, sondern von Glaubensannahmen allgemein – einen rigorosen Grundsatz formuliert: „Es ist immer, überall und für jedermann falsch, etwas auf der Grundlage unzureichender Beweise zu glauben."[20] Der Ausdruck „Beweise" ist dabei in der Bedeutung des englischen Begriffes „evidence" zu lesen, der so viel meint wie: Beweisgrundlage, Begründung, Beweismittel, Hinweis u. ä. Cliffords Grundsatz lässt angesichts der Bedeutungsweite von „evidence" möglicherweise verschiedene beweisende und begründende Verfahren zu, gibt aber grundsätzlich zu bedenken, dass sie in jedem Fall zu einem ausreichenden Ergebnis führen müssen. Eine Glaubensannahme ohne diese zureichenden Beweise bzw. Begründungen gilt aus dieser Sicht als unmoralisch. Um diesen Standpunkt zu verdeutlichen greift Clifford zu einigen durchaus drastischen Beispielen; eines sei hier erwähnt:[21] Stellen wir uns einen Reeder vor, der ein altes, ehrwürdiges, in die Jahre gekommenes, von Wind und Wellen mitgenommenes, d. h. reparaturbedürftiges Schiff besitzt und vor der Entscheidung steht, dieses Schiff mit neuen Passagieren über den Atlantik zu schicken. Stellen wir uns weiter vor, dass die Leute am Hafen bereits abfällig über das heruntergekommene Schiff reden und dass der Reeder selbst im Blick auf die Tüchtigkeit seines Schiffes von Zweifeln geplagt wird, ob er dieses Schiff nicht überholen oder ausmustern lassen soll. Und stellen wir uns schließlich vor, dass es dem Reeder allmählich gelingt, seine Zweifel und die damit verbundenen melancholischen Gefühle zu besänftigen, weil er sich sagt, dass dieses Schiff schon so viele Stürme überstanden habe, dass die Vorsehung die Familien an Bord dieses Schiffes schon beschützen werde, dass alle Zweifel an der Kunst der Zimmerleute und Handwerker, die dieses Schiff gebaut und so für seine Solidität gesorgt haben, nichts als böswillige Unterstellungen seien. Dieser Reeder, sagt Clifford, wird sein altes Schiff schlussendlich leichten Herzens in See stechen lassen, und er wird immer noch ein leichtes Herz haben, wenn er die Versicherungssumme einstreicht, sobald das Schiff sang- und klanglos mit Mann und Maus im Atlantik untergegangen ist. Worauf Clifford unser Augenmerk lenkt, ist klar: Der Reeder handelt grob fahrlässig, weil er für seine Annahme (für seinen Glauben), dass das alte Schiff die anstehende Reise überstehen kann, keine ausreichende Begründung hat, und weil er Gründe anführt, die den kritischen Blick verstellen und ihrerseits auf geradezu waghalsigen Annahmen aufruhen. Die Schuld des Reeders würde auch dadurch nicht verringert, dass nur er von Zweifeln geplagt worden wäre und nicht auch die Leute am Hafen. Solange berechtigte Zweifel nicht ausgeräumt werden können – wer auch immer sie äußern mag –, haben wir, so sagt uns Cliffords Grundsatz, keinerlei Recht, an einer bestimmten Annahme festzuhalten.

Gegen eben diesen Grundsatz hat William James († 1910) einen fundamentalen Einwand erhoben. Auch James gebraucht Illustrationen, um seinen Gegenstandpunkt zu erläutern: Cliffords Mahnung erinnere ihn an einen General, der seinen Soldaten rät, sich lieber von der Schlacht fernzuhalten, statt auch nur irgendeine einzige Wunde zu riskieren.[22] Zudem verweist James auf eine Eigenart im von Clifford eingenommenen Standpunkt: Er wirkt neutral und scheint allen Hypothesen gegenüber gleich unvoreingenommen zu sein. Aber das stimmt so nicht. In Wirklichkeit ist diese Neutralität getragen von einer grundlegenden Skepsis.[23] Und diese Art von Skepsis, die dem religiösen Glauben nicht sehr viele Chancen einräumt, ruht ihrerseits auf Annahmen auf, die nicht schon als bestätigt oder bewiesen gelten können.

Darüber hinaus vollzieht James einen wirklichen Bruch mit dem Bild von einer neutral-schiedsrichterartigen Position gegenüber Glaubensannahmen. Er fasst dies in eine sehr präzise Unterscheidung der Kategorien, in denen sich Annahmealternativen bzw. Glaubensoptionen verorten lassen, um darzulegen, dass wir als zwar vernünftige, aber eben menschliche Individuen jene Neutralität, die Clifford einfordert, schlicht niemals haben. Die Glaubensannahmen, d. h. Optionen, denen wir gegenüberstehen, zeigen sich für uns immer in einer ganz bestimmten Perspektive oder Relevanz und drängen sich uns mit starker oder schwacher Vehemenz auf.

Die folgende Übersicht soll James' Grundgedanken verdeutlichen:[24]

| *lebende* ▶ ◀ *tote* | *Option* | Nur eine lebende Option stellt mich vor eine echte Alternative. So kann die Alternative zwischen Atheismus und christlichem Glauben für mich in meiner Lebenssituation eine echte Alternative sein, während die Alternative „Jesus oder Baghwan als Messias" für mich vielleicht keine echte Alternative darstellt. Letzteres wäre dann eine tote Option. Dieser Gegensatz begegnet uns häufiger im Leben – z. B. bei Berufs- oder Lebensentscheidungen, aber auch bei moralischen Entscheidungen. |

zwingende ▶ ◀ *vermeidbare*	*Option*	Wenn mir jemand sagt: „Entscheide Dich, ob Du beim Weggehen einen Regenschirm mitnimmst oder nicht", so ist diese Entscheidung nicht zwingend. Ich kann zu Hause bleiben und der Entscheidungssituation überhaupt aus dem Weg gehen. Stellen wir uns dagegen vor, wir müssen unbedingt mit dem Zug von München nach Münster fahren und entscheiden, ob wir die Route über Köln oder über Kassel wählen. In diesem Fall hätten wir es mit einer zwingenden Option zu tun.
bedeutsame ▶ ◀ *triviale*	*Option*	Wenn mich jemand einlädt, an einer bemannten Marsmission teilzunehmen, so ist das eine bedeutsame, weil mein Leben grundstürzend verändernde Option. Ich erhalte solch eine Chance vielleicht nur ein einziges Mal in meinem Leben. Dagegen kann eine Option trivial sein, wenn sie nicht einzigartig ist, wenn die Konsequenzen für mein Leben eher randständig sind oder wenn die zu treffende Entscheidung vielleicht revidierbar ist.

Wer auf den faktischen religiösen Glauben blickt, der wird sofort sehen, dass in Glaubensfragen nur für den schon skeptisch Eingestellten tote Optionen stecken. Wo sie sich in allem Ernst aufdrängen, sind in ihnen – wie z. B. auch in moralischen Entscheidungssituationen – meist lebende, bisweilen zwingende, immer aber bedeutsame Optionen gegeben. Das bringt im Hinblick auf die Frage der Rationalität des religiösen Glaubens die Einsicht in Perspektivität, den Mut zur Unvollständigkeit in der rationalen Rekonstruktion, die

Notwendigkeit einer bindenden Antwort, die auch dann gegeben wird, wenn wir nicht alle Faktoren überblicken können, mit sich. James verweist in diesem Zusammenhang auf einleuchtende Analogien: Eine Regierung oder ein Sportlerteam können nicht effektiv arbeiten, wenn sie nicht eine bestimmte Option ergreifen, indem sie sich ein Ziel setzen, dessen Erreichung eine Option für ihr Handeln darstellt. Sie könnten dieses Ziel auch nicht anvisieren, würden damit aber implizit ein anderes Ziel anvisieren. Sobald sich eine Regierung oder ein Team bewusst ein Ziel gesetzt hat – auch wenn es keine restlos überzeugenden Gründe dafür gibt, dass sie dieses Ziel auch erreichen werden –, werden sie doch alles auf diese Option setzen, sich dafür „ins Zeug legen", auch wenn sie keine bis ins Letzte gehenden stichhaltigen Argumente für ihre Option anführen können. Sie „glauben", dass sie z. B. ein Reformprogramm durchsetzen bzw. dass sie einen Titel gewinnen können. Und sie sind alles andere als diesem Glauben gegenüber neutral oder der gegenteiligen Option gegenüber ebenso offen. Der Wille zum Glauben folgt, so James, nicht einem rein rationalen Kalkül, sondern wird von der menschlichen Gefühlsnatur, d. h. von unseren Hoffnungen und Sehnsüchten, mindestens ebenso sehr beeinflusst. Eine Perspektivität lässt sich nicht abschütteln, sie ist immer und überall gegeben, wo wir vor Entscheidungen stehen, die sich uns als echte, lebende und bedeutsame Entscheidungen darstellen. Zu warten, bis alle Zweifel ausgeräumt sind, heißt auch, sich diesen Entscheidungen zu entziehen und damit doch eine Entscheidung getroffen zu haben.[25]

Blicken wir von James kurz zurück zu Swinburne. Auch Swinburne sucht nicht nach einem absolut sicheren Punkt. Gleichwohl behandelt seine minutiöse Argumentation für die „höhere Wahrscheinlichkeit" den Theismus wie eine wissenschaftliche Theorie bzw. Hypothese. Aber gerade im Hinblick auf diese Betrachtungsweise würde James Bedenken anmelden: Der religiöse Glaube lässt sich nicht wie eine beliebige Hypothese behandeln – mit einer sozusagen kalten Logik. Denn dafür wäre eine neutrale Distanzierung notwendig, für die die Option des religiösen Glaubens nur eine theoretische und d. h. in der Konsequenz vielleicht nur tote Option sein kann. Wer den Glauben wagt, der steht nicht im Labor, sondern oft genug in der Unübersichtlichkeit eines Marktplatzes: von vielerlei Stimmen bedrängt, den nächstgelegenen Ständen zugewandt, von Alternativen herausgefordert, immer wieder um Auskunft gedrängt. Es gibt auf dem Marktplatz keinen Ruhepunkt, keinen „Blick von oben", keine Sicht ohne bestimmte Perspektive.

Wer kühle Rationalität einfordert, der hat selbst eine Perspektive eingenommen, die er letztlich nicht mit oder aus einer neutralen Warte erklären kann. Dieser Einsicht muss freilich kein Irrationalismus folgen, wohl aber eine Art Selbstbescheidung: Wer den Glauben in ein Labor trägt, muss damit rechnen, dass die zwingenden Gründe, die er sucht und findet, am Ende faktisch nicht zum Glauben bewegen. Und er muss damit rechnen, dass der Glaube auch dann als Option ergriffen wird, wo die guten Gründe nicht restlos gegen die Einwände aufgewogen wurden. Das Gegenstück zu dieser Selbstbescheidung wäre, so William James, kruder Intellektualismus.

2. Glauben, Wissen und Glaubensgewissheit

Es klingt trivial, ist aber keineswegs unbedeutend, wenn wir feststellen können, dass wir mit Sätzen, die von „Gott" handeln in einer besonderen Weise umgehen. Gemeinhin spricht man von solchen Sätzen als Glaubenssätzen. Damit grenzt man sie auch von den Sätzen ab, denen wir uns in der Relation des Wissens gegenübergestellt sehen. „Glauben heißt: nicht wissen" – so lautet ein bekannter Slogan. Er setzt voraus, dass es eine hinreichend klare Trennung von Glaube und Wissen gibt und dass der Glaube eine Art Vorstufe zum Wissen darstellt, eine Stufe, die man überschritten hat, sobald man über alle zureichenden Kenntnisse und Informationen verfügt. Hinzu kommt ein weiterer Aspekt: Wissen hat etwas Zwingendes. Wer „in Kenntnis gesetzt" wurde und etwas weiß, der kann das nur leugnen um den Preis, dass er so genannte epistemische, d. h. auf das Feld der Erkenntnis bezogene, Pflichten verletzt. Das Gewusste im Wissen anzuerkennen wäre zum Beispiel solch eine elementare Pflicht im Rahmen des Erkennens. Dem gegenüber lässt „bloßer" Glaube noch Vieles offen. Was jemand glaubt, muss ich mir selbst nicht unbedingt zu eigen machen. Ich darf ihm – so scheint es auf den ersten Blick – vorsichtig, skeptisch oder sogar widersprechend eingestellt bleiben, solange es meinem Gegenüber nicht gelingt, Glaubenssätze in Wissenssätze zu überführen. Wollte man auch an diesem Punkt von einem epistemischen Ethos sprechen, so suggeriert uns die eben gemachte Bemerkung, dass es in jedem Falle wünschenswert und angeraten ist, Glaubenssätze in Wissenssätze zu überführen, um dadurch einen Grad von zwingender Allgemeinverbindlichkeit zu erreichen, den wir als Konsensgrundlage unseres rationalen Kommunizierens unbedingt brauchen. Wenn solch ein Grundsatz auch für den religiösen Glauben gilt, dann müssten wir alles daransetzen, um den Gehalt des Glaubens in Wissen zu überführen, bzw. wir dürften uns nicht darüber wundern, warum theistische Sätze im Modus des Glaubens auf dem Forum der Allgemeinverbindlichkeit keinen hohen Wert erzielen können. Solche Folgerungen setzen jedoch voraus, dass wir alle Sätze, mit denen wir im Gefilde des Erkennens und Fürwahrhaltens umgehen, wie verschiedene Sorten von Äpfeln klar auf zwei „Körbe" verteilen können[26] und dass wir auch in der Lage sind, klare Kriterien für diese Verteilung anzugeben. Dass sich hinter dieser Auffassung nicht auch wiederum nur ein bisweilen irreführendes Bild verbirgt, ist kaum zu bestreiten.

Die Hauptproblempunkte dieses Bildes haben damit zu tun, dass (Glaubens-)Annahmen bzw. Überzeugungen nicht nur im Bereich des Religiösen ein zusammenhängendes Netz bilden.[27] Daher ist es nicht klar, was passiert, wenn man eine bestimmte Annahme herausnehmen wollte, um sie isoliert zu betrachten. Selbst wenn das gelänge, so ist es doch wahrscheinlich, dass das Ergebnis der Prüfung für die übrigen, im Netz miteinander verwobenen Annahmen, nicht folgenlos wäre. Bei alltäglichen Glaubensannahmen mag das anders sein: Selbst wenn sich herausstellt, dass ich in Hinsicht auf die Annahme, im Jahr 2004 würde die erste bemannte Marsmission stattfinden, sehr wahrscheinlich einem Irrtum unterliege, so hätte das für die Annahme, dass es im Dezember 2004 weiße Weihnachten in Bayern gibt, keinerlei Konsequenz. Anders ist das, wenn sich meine Annahme, dass Gott gütig und gerecht ist, als fragwürdig herausstellen sollte. Nicht nur unmittelbar damit zusammenhängende, sondern auch „entlegenere" Annahmen könnten davon betroffen sein.

2.1 Glauben-dass und Glauben-an, Wissen-dass und Wissen-wie

Bevor wir den Gegensatz zwischen „Wissen" und „Glauben" einer genaueren Analyse unterziehen, muss eine weitere, feinere Differenzierung vorausgeschickt werden, um nicht einen von vornherein einseitigen Begriff von Glauben zum Problem zu machen. Die folgenden Beispielsätze wollen einige markante Aspekte erhellen:

(i)	Hans glaubt, dass es morgen regnen wird.	(vi)	Hans weiß, dass es morgen regnen wird.
(ii)	Hans glaubt, dass er sich auf seinen Freund Peter verlassen kann.	(vii)	Hans weiß, dass er sich auf seinen Freund Peter verlassen kann.
(iii)	Hans glaubt, dass es Gott gibt.	(viii)	Hans weiß, dass es Gott gibt.
(iv)	Hans glaubt seinem Freund Peter.	(ix)	Hans weiß, dass er seinem Freund Peter vertrauen kann.
(v)	Hans glaubt an Gott.	(x)	Hans weiß, dass er Gott vertrauen kann.

Die Sätze (i) bis (iii) sind typische Sätze, die den Erkenntnismodus, die „epistemische Einstellung" des Glaubens zum Ausdruck bringen. Wie in den Sätzen (vi) bis (x), die von der epistemischen Einstellung Wissen handeln, bezieht sich der Glaube in (i) bis (iii) auf Sätze. Das wird hier durch die „..., dass"-Konstruktion zum Ausdruck gebracht. Weil der Bezugsbereich hier also vornehmlich Sachverhalte sind, spricht man vom so genannten doxastischen Glauben. Dem steht in (iv) und (v) der „Fiduzialglaube" gegenüber. Er bezieht sich unmittelbar auf Personen und drückt, so könnte man sagen, eine Relation des Vertrauens zwischen dem Subjekt des Satzes und dem in Rede stehenden (grammatischen) Gegenüber aus. Dieses Gegenüber kann beim Glauben-an eine Person sein – und im Falle von Personen wird die spezifische Eigenart besonders deutlich –, aber es muss sich nicht um eine Person handeln. Im Fokus des Glaubens-an kann auch eine Theorie stehen („Ich glaube an die Super-String-Theorie"), ein Ideal („Ich glaube an die humane Gesellschaftsordnung der westlichen Welt"), ein Wert („Ich glaube an die Kraft des Mitleids"), ja sogar ein Ereignis („Ich glaube an die Mondlandung"). Im Gegensatz zum Glauben-dass wird das in Rede stehende (grammatische) Objekt in besonderer Weise herausgegriffen, vor das Subjekt hinge-stellt und in eine Relation mit dem Subjekt eingetaucht, aus der hervorgeht, dass das Objekt des Glaubens für das Sub-jekt eine besondere Relevanz, eine eigene Würde und eine nicht zu leugnende Bedeutung hat. In vielen Fällen könnten wir den besonderen Aspekt des Glaubens-an mit „Ver-trauen" bezeichnen. Henry H. Price († 1984) hat in einer sehr exakten Analyse des Glaubens-Begriffes herausgestellt, dass sich die genannten Aspekte des Glaubens-an beim Glauben-dass so nicht einfach wiederfinden lassen.[28] Zwi-schen dem Glauben-an und dem Glauben-dass besteht eine Art Graben. Das wird deutlich, wenn wir den Beispiel-satz (v) mit dem Satz (iii) vergleichen: Der Glaube an Gott schließt einen Glauben-dass mit Blick auf die Existenz Got-tes sicher irgendwie ein, geht aber doch über das hinaus, was mit dem Satz (iii) artikuliert wird. Zum Glauben an Gott gehört z. B. auch der Glaube an die göttliche Vorsehung, der Glaube an das Handeln Gottes oder einen Plan Gottes für die Welt, vielleicht auch ein Glauben an eine besondere per-sönliche Beziehung zwischen dem Satzsubjekt und dem göttlichen Gegenüber. Die Explikation der Glauben-an-Sätze ergibt zunächst wieder Glauben-an-Sätze, wie wir ge-sehen haben. Diese lassen sich zwar in der Form von Glau-ben-dass-Sätzen ausdrücken, aber vermutlich nicht ohne ein gewisses Maß inhaltlicher Verkürzung. Der jeweils zugeord-nete Glauben-dass-Satz ist nicht einfach eine Übersetzung des Glauben-an-Satzes, sondern ist nur die Entfaltung eines Teiles, der zum Gehalt des Glauben-an-Satzes gehört. Um das, was mit dem Glauben-an-Satz gemeint ist, hinlänglich erschöpfend zum Ausdruck zu bringen, bräuchte man ver-mutlich eine ganze Reihe von Glauben-dass-Sätzen, ohne behaupten zu dürfen, diese Reihe wäre schon eine hinrei-chend angemessene Übersetzung. Der genannte Graben macht sich natürlich auch im Gegenüber von Glauben und

Wissen bemerkbar: Zunächst besteht zwischen den Sätzen (i) und (vi), (ii) und (vii), (iii) und (viii) eine Verwandtschaft. Denn sie sind alle mit einer Dass-Formel versehen. Im Kontext dieser Beispielsätze hat es den Anschein, als ob Wissen gegenüber Glauben eine Steigerung enthielte – irgendwie fester, unumstößlicher sei, während die zugeordneten Glauben-dass-Sätze eine Art von Vorstufe darstellen würden. Der Unterschied lässt sich auch so formulieren: Wer die Sätze (vi), (vii) und (viii) äußert, der geht andere und anscheinend „stärkere" erkenntnisbezogene Verpflichtungen ein als jemand, der die Sätze (i), (ii) und (iii) ausspricht. Auch wenn wir an dieser Stelle noch nicht über die genaue Gestalt dieser Verpflichtungen sprechen wollen, so steht auf den ersten Blick hin schon fest, dass die mit den Sätzen (vi) bis (viii) gegebenen Verpflichtungen stärker und härter sind als jene, die mit Glauben-dass-Sätzen verbunden sind. Anders verhält es sich, wenn wir das Zueinander der Sätze (iv) und (ix) bzw. (v) und (x) genauer betrachten: Der Glaube hat hier einen starken Vertrauensaspekt, der von Glauben-dass-Sätzen nicht eingeholt wird. Aber auch die Wissen-dass-Sätze holen diesen Aspekt nicht ein, obwohl mit dem vertrauenden Glauben eine Festigkeit verbunden ist, die an Wissen bzw. an die erkenntnisbezogenen Verpflichtungen, die mit dem Wissen verbunden sind, erinnern könnten. Das Wissen-dass hat doch eine andere Struktur als der Glaube-an, in dessen Fokus, wie wir sahen, zunächst keine Sätze stehen. Außerdem sind wir geneigt, einen Unterschied zwischen Glauben und Wissen aufrecht zu erhalten – auch dort noch, wo es sich um die Festigkeit und Besonderheit des Glaubens-an handelt. Diese ersten Einschätzungen werfen freilich die Frage auf, worin der Unterschied zwischen Glauben und Wissen besteht und wie es kommt, dass wir beim Glauben-an auf eine Besonderheit stoßen, eine Festigkeit, die uns an Wissen erinnert, obwohl uns klar ist, dass das kein Wissen im strengen Sinne sein kann.

Die folgende, an Steven Luper[29] orientierte Übersicht zeigt mögliche Verhältnisbestimmungen von *Glaube* und *Wissen*. Die so genannte *Standardsicht* erweist sich als Favoritin, weil sie die wenigsten Probleme aufwirft.

▶ **Standardsicht**
⇒ THESE: Glaube und Wissen stehen in einer Verbindung miteinander, weil Wissen-dass immer Glauben-dass als wesentlichen Anteil enthält: Wer einen Sachverhalt *p weiß*, der muss grundsätzlich auch *glauben*, dass der Sachverhalt *p* besteht.

⇐ ABER: Es ist schwer zu klären, durch welche *zusätzlichen* Kriterien Wissen *über* Glauben hinausragt. Der Verweis auf Sicherheit und Gewissheit bleibt diffus, zumal auch beim Glauben ein Moment von Festigkeit und Vertrauen auf die Richtigkeit des Geglaubten hinzukommt.

◀ **Identitätsthese**
⇒ THESE: Wenn ich beim Versuch, die Äußerungen eines Anderen zu verstehen, ein *Prinzip des Wohlwollens* unterlege, dann muss ich davon ausgehen, dass mein Gegenüber eine rational agierende und in ihrem Denken und Verhalten verstehbare Person ist. Wenn ich mein Gegenüber nun aber für eine verstehbare Person halte, dann muss ich auch unterstellen, dass die meisten ihrer (Glaubens-)Annahmen nicht falsch sind. Wenn Wissen als wahrer Glaube definiert wird, dann sind Glaubenssätze und Wissenssätze aus der Perspektive des Prinzips des Wohlwollens eigentlich identisch.

⇐ ABER: Es ist die Frage, ob man mit dem Prinzip des Wohlwollens wirklich zur Wahrheit von Glaubensannahmen vorstoßen muss. Reicht es nicht zu sagen, dass ich, wenn ich mein Gegenüber für rational und verstehbar halte, ihm ähnliche erkenntnisbezogene Fähigkeiten zutraue wie mir? Das bedeutet dann nicht, dass die meisten seiner Glaubensannahmen wahr sein müssen, sondern dass mein Gegenüber (so wie ich) rational mit ihnen umgehen kann.

◀ **Inkompatibilitätsthese**
⇒ THESE: Glaube und Wissen passen nicht zueinander, daher kann Glaube auch keine Vorstufe von Wissen sein. Dafür scheint eine Beobachtung des Sprachgebrauchs zu sprechen: Wenn ich sage: „Ich *weiß* doch, dass Edmund Stoiber

der Ministerpräsident von Bayern ist", dann schließe ich damit doch kategorisch aus, dass ich diesen Sachverhalt *nur glaube*. Glaube scheint also ein krasser Gegensatz zum Wissen zu sein.

⇐ ABER: Die Beobachtung des Sprachgebrauchs lässt sich auch anders deuten. Wenn ich sage: „Ich *weiß*, dass Edmund Stoiber der Ministerpräsident von Bayern ist", dann mache ich damit nicht automatisch einen Gegensatz zum Glauben auf, sondern verweise auf eine mir zuhandene *Kompetenz* und Sicherheit, die es mir erlaubt, die Beziehung zum in Rede stehenden Sachverhalt als Wissen auszugeben. Diese Beziehung betrachte ich als *graduell intensiver* als die mit dem Glaubensbegriff benannte Beziehung. Daher ist Glaube kein Gegensatz zu Wissen, sondern eine Art Vorstufe.

◀ **Separationsthese**
⇒ THESE: Glaube und Wissen sind vollkommen eigenständige erkenntnisbezogene Fähigkeiten bzw. Einstellungen. Zum Glauben gehört z. B. wesentlich der Aspekt des Vertrauens (im Sinne einer Zuversicht etc.). Zum Wissen gehört das nicht unbedingt hinzu. Ich kann zum Beispiel ein Examen bestehen und dabei Wissen demonstrieren, obwohl ich sowohl im Vorfeld als auch im Durchgang des Examens gerade nicht sehr zuversichtlich war, was meinen souveränen Umgang mit dem Prüfungsstoff betrifft. Da es also nicht auf die Zuversicht und das An-sich-Glauben ankommt, ist Wissen ganz anders als Glauben.

⇐ ABER: Es kommt darauf an, Glaube und Wissen im Rahmen der richtigen Kategorien zu vergleichen: Man kann auch Glauben als Fähigkeit und Kunstfertigkeit beschreiben. Und man kann umgekehrt auch Wissen mit Eigenschaften belegen, die mit Gefühlen von Sicherheit und Zuversicht zu tun haben. Dann wird der hier unterstellte Unterschied weniger signifikant ausfallen. Man kann beim Examensbeispiel zudem ernsthaft fragen, ob es sich hier wirklich um Wissen oder nicht doch eher um *bloßes Raten* handelt, das man aus der Außensicht *für Wissen hält*.

Bislang haben wir hauptsächlich Glauben-dass und Wissen-dass miteinander verglichen. Es gibt aber auch beim Wissens-Begriff einen Aspekt, der genauso rätselhaft und eigenartig ist wie der Begriff des Glaubens-an. Betrachten wir folgende Satzbeispiele:

> (i) Hans weiß, *wie* man einen guten Schweinebraten zubereitet.
> (ii) Hans weiß, *wie* es ist, ein Bayer zu sein.
> (iii) Hans weiß, *wie* Franz das Tor zum Sieg geschossen hat.

Eine Übersetzung der Beispielsätze (i) bis (ii) in Wissen-dass-Sätze scheint wohl kaum möglich zu sein. Selbst die mit Blick auf Satz (i) formulierte Aussage: „Hans weiß, dass er Schweinebraten zubereiten kann" oder „Hans weiß, dass er die Fertigkeit besitzt, Schweinebraten zuzubereiten" kommt nicht an das Gemeinte heran und ist allenfalls eine Konsequenz aus dem speziellen Wissen-wie, das Hans besitzt, keineswegs aber eine brauchbare Übersetzung. Für die Beispiele (ii) bis (iii) gilt etwas Ähnliches. Auch für diese Fälle gibt es keine adäquate Übersetzung des Wissens-wie in ein Wissen-dass. Das Wissen-wie bezieht sich auf eine Fähigkeit oder einen Habitus einer Person und bringt ein Verstehen zum Ausdruck, das sich seinerseits als Fertigkeit niederschlägt. Das Wissen-dass hingegen bezieht sich – man könnte sagen – geradlinig auf einen Sachverhalt und dessen Bestehen: nicht eine Fähigkeit ist hier entscheidend, sondern ein Bezug. Hinzu kommt, dass der in Rede stehende Bezug beim Wissen-dass sich auch in einem entsprechenden Bewusstsein niederschlägt, wohingegen ein Bewusstseinszustand beim Wissen-wie gar nicht gefordert ist: Hans kann wissen, wie man Schweinebraten zubereitet, ohne sich dessen im Augenblick bewusst zu sein. Selbst wenn das Wissen-wie sich auf Bewusstseinsinhalte bezieht, muss es selbst sich nicht als Bewusstseinszustand niederschlagen, wie Beispiel (iii) zeigt: Hans muss sagen können, wie der Siegtreffer zustande kam, er muss diesen Umstand erzählen und rekonstruieren können – alles Vorgänge, die man nicht ohne Bewusstsein vollziehen kann –, aber die in Rede stehende

Fähigkeit ist selbst kein Bewusstseinszustand, sondern eine Möglichkeit, bestimmte andere Bewusstseinszustände, die mit bestimmten Vollzügen verknüpft sind (z. B. Nacherzählen), abzurufen. Und wie stellt sich das Verhältnis aus der Sicht des Wissens-dass dar? Blicken wir erneut auf ein Beispiel: Wenn Hans weiß, dass es schneit, dann weiß er, *wie* das Wetter ist. Oder wenn Hans weiß, dass Peter Schmerzen hat, dann weiß er, *wie* Peter sich fühlt. Die Wissen-wie-Sätze sind auch hier keine geraden Übersetzungen. Sie drücken in der vorliegenden Form Folgerungen aus, die eng mit dem Wissen-dass zusammenhängen.

Interessant hierbei ist, dass sich das Wissen-wie nun nicht auf den entsprechenden Sachverhalt richtet (wie die Sätze „Es schneit" oder „Peter hat Schmerzen"), sondern auf einen sozusagen höher gelegenen Sachverhalt, der das Thema bzw. den Rahmen (in unserem Beispiel: die Wetterlage, Peters Gefühlszustand) benennt. Diese Beobachtung könnte uns helfen, um den Zusammenhang zwischen Wissen-wie und Wissen-dass zu erhellen. Wie rätselhaft auch immer die genaueren Bezüge sein mögen, immerhin lässt sich sagen, dass das Wissen-dass im Blick auf einen Sachverhalt p („es schneit") eine Fähigkeit voraussetzt, die sich auf eine übergeordnete Konstellation K („wie das Wetter ist") richtet, welche das Thema von p angibt. Dabei scheinen sich p und K so ähnlich wie Individuum und Gattung oder wie Gegenstand und Hintergrund oder wie ein konkretes Etwas und nächstgelegenes Allgemeines zueinander zu verhalten. Man kann in dieser Hinsicht ein Diktum Wittgensteins als Grundsatz wählen: „Die Grammatik des Wortes »wissen« ist offenbar eng verwandt der Grammatik des Wortes »können«, »imstande sein«. Aber auch eng verwandt der des Wortes »verstehen«. (Eine Technik ›beherrschen‹.)"[30] Dies gilt offenbar – stellen wir den Zusammenhang p-K in Rechnung – nicht allein für das Wissen-wie, sondern ebenso (wenn auch in einem mittelbareren Sinn) für das Wissen-dass.

2.2 Vom Glauben zum Wissen?

Glauben-dass und Wissen-dass sind miteinander verwandt. Das zeigt schon ein Blick auf die Struktur, die beiden epistemischen Einstellungen zu Grunde liegt. Allerdings geht Wissen, wie wir sahen, über Glauben hinaus. Worin besteht dieser Überschritt? Klassisch – hinsichtlich der Formulierung, aber auch im Hinblick auf die damit verbundenen Probleme – ist ein Definitionsvorschlag in Platons († ca. 347 v. Chr.) Dialog *Theaitet*: *Wissen ist wahre Meinung*, genauer: Wissen ist wahrer Glaube (vgl. *Theaitet* 187 a6). Demzufolge lautet eine der grundlegendsten Bestimmungen des Wissensbegriffes: Wenn eine Person *a* weiß, dass der Sachverhalt *p* besteht, dann muss diese Person *a* glauben, dass der Sachverhalt *p* besteht, und der Sachverhalt *p* muss tatsächlich bestehen. (Die Buchstaben „*a*" und „*p*" werden als Variablen für beliebige Personen oder beliebige Sachverhalte gebraucht.) Wenn z. B. Hans weiß, dass es regnet, dann muss Hans einerseits glauben, dass es regnet, und andererseits muss es tatsächlich regnen. Würde es nicht regnen, so würde sich Hans täuschen und könnte somit den in Rede stehenden Sachverhalt („…, dass es regnet") nicht *wissen*. Die genannte Definition sagt darüber hinaus, dass wir von fiktionalen oder möglichen Sachverhalten kein Wissen haben können. Gleichwohl darf man auf einer sozusagen höheren Ebene sagen, dass eine Person *a* wissen kann, ob ein Sachverhalt *p* fiktional oder möglich ist. Wenn Hans weiß, dass es morgen regnen könnte, so weiß er um die *Möglichkeit* des Regens, nicht aber um die *Tatsache* des Regnens als solcher.

Ist die Spezifikation von Wissen als „wahrer Glaube" aber auch ausreichend? Stellen wir uns folgenden Fall vor (fingiert entlang eines von Alvin Goldman geprägten Beispieles): Hans fährt mit seinem Auto durch den Mittleren Westen der USA. Er kommt dabei ins Monument Valley. Dort wird gerade ein Western gedreht. Hans aber hat von diesem Faktum keine Kenntnis. Für den Western wurden verschiedene Kulissen in die Landschaft gestellt, die zum Großteil Attrappen für Scheunen sind. Mitten in diesen Kulissen steht aber eine echte Scheune, in der die Filmfirma ihre Requisiten aufbewahrt. Hans kommt nun in die Gegend mit diesen Scheunenattrappen; zu seiner Begleitung im Auto sagt er: „Sieh mal, da vorne steht eine Scheune." Und zufällig zeigt er dabei auf die echte Scheune, obwohl er vom Auto aus die falschen von der echten Scheune nicht unterscheiden kann. Gemäß der oben eingeführten Bestimmung von Wissen müsste man sagen, dass Hans weiß, dass dort eine Scheune steht. Hätte Hans seinen Satz eine Meile früher oder später geäußert, so wäre der Satz falsch gewesen, weil das Objekt, auf das Hans gezeigt hätte, nur eine Scheunenattrappe gewesen wäre. Das Beispiel zeigt, dass mit der eingeführten Bestimmung von Wissen etwas nicht stimmt: Sie ist nicht ausreichend. Denn ob etwas Wissen ist oder nicht, darf – wie z. B. Roderick Chisholm († 1999) herausgestellt hat – nicht Sache des Zufalls sein.[31] Aber gerade das ist ja das Problem in unserem Beispiel: Weil Hans *zufällig* auf das einzige Gebilde im Monument Valley zeigt, das tatsächlich eine Scheune ist, ist der geäußerte Satz wahr, so dass man von Wissen sprechen darf. Aber dass Wissen eine Sache des Zufalls sein kann, weicht den Wissensbegriff auf. Wir haben gesagt, dass der Wissensbegriff strengere erkenntnisbezogene Verpflichtungen nach sich zieht als der Glaubensbegriff. Auch wenn wir noch nicht im Einzelnen geklärt haben, welche Pflichten das sind, so ist doch klar, dass ein zufälliges Treffen der Wahrheit die Strenge des Wissensbegriffes verwässern würde. Um solche Probleme zu lösen, wurde zu den Bestimmungen des Wissensbegriffes ein dritter Aspekt hinzugefügt: die Begründetheit bzw. Rechtfertigung. Dieser dritte Aspekt umschließt die Forderung, dass wir für einen als wahr akzeptierten Sachverhalt auch eine Gewähr hinsichtlich seines Bestehens haben müssen. Wer etwas zu wissen beansprucht, muss in der Lage sein, für sein Wissen Gründe anzugeben. Zum Beherrschen der Technik des Wissens gehört also die Fähigkeit, eine Rechtfertigung („justification") formulieren zu können, damit nicht der Zufall über Wissen oder Nicht-Wissen entscheidet. Im Begriff der Rechtfertigung blitzt also ein Element auf, das vom

Wissen-dass auf das Wissen-wie zurückweist: die *Fähigkeit*, für einen erhobenen Anspruch *ausreichende* Gründe anzugeben, bzw. die *Fähigkeit* oder Bereitschaft, bestimmten erkenntnisbezogenen Pflichten zu entsprechen.

Wiederum scheint das, was mit der Erweiterung der Bestimmung „Wissen ist wahrer Glaube" zu „Wissen ist wahrer und gerechtfertigter Glaube" erreicht ist, vorderhand plausibel zu sein. Stellen wir uns den Fall vor, bei dem ein Elementarteilchenphysiker ein bestimmtes XYZ-Teilchen postuliert hat, damit bestimmte Lücken in bisherigen Berechnungen gefüllt werden können. Solange er die Existenz dieses Teilchens nur postuliert, glaubt er, dass dieses XYZ-Teilchen existiert. Er weiß es nicht, obwohl er einige gute Gründe, nämlich den Hinweis auf die Lücken in den Berechnungen, anführen kann. Stellen wir uns weiter vor, dass nach einiger Zeit ein komplizierter Plan in die Realität umgesetzt werden konnte, der das Auftreten und damit die Existenz des Teilchens überprüfbar macht. Mit dem erfolgreichen Abschluss des Experiments gelangt der Physiker vom Glauben zum Wissen, weil der Satz „Das XYZ-Teilchen existiert" sich als wahr herausgestellt hat. Dank der experimentellen Vorrichtung verfügt der Physiker nun über ausreichende Gründe für sein Wissen. Dieses Wissen ist kein seltsamer, ätherisch wirkender (geistiger) Zustand, sondern – mit Wittgenstein gesprochen – eine komplexe Fertigkeit im Umgang mit Sätzen und den in Rede stehenden Gegenständen (d. h. für unser Beispiel: im Hinblick auf die Existenz des Teilchens). Der mit der klassischen Formel gezogene Unterschied zwischen Glauben und Wissen scheint zunächst sehr einleuchtend zu sein. Allerdings wird der Ausdruck „Glauben" – die erste Säule des Wissensbegriffes – hier in einem relativ weiten Sinne verwendet, eher gleichbedeutend mit Akzeptieren. Roderick Chisholm gibt in dieser Hinsicht zu bedenken:

„[… S]elbst wenn es einen Sinn von ,glauben' oder ,akzeptieren' gibt, wonach *Glauben* oder *Akzeptieren* aus *Wissen* folgt, dürfen wir nicht denken, daß Wissen in irgendeinem Sinne eine ‚Spezies' von Glauben oder Akzeptieren ist. Von einem Menschen kann man sagen, er glaube fest oder widerstrebend oder zögernd – doch von niemandem läßt sich sagen, er *wisse* fest, widerstrebend oder zögernd. [...] Die Beziehung zwischen Wissen und Glauben [...] ist nicht eine Beziehung, wie sie zwischen Falken und Vogel oder zwischen Airedale-Terrier und Hund besteht. Sie gleicht mehr der Beziehung zwischen Ankommen und Reisen. *Ankommen* setzt *Reisen* voraus – man kann nicht ankommen, ohne gereist zu sein – aber Ankommen ist keine Spezies von Reisen."[32]

Vor dem Hintergrund der genannten „drei Säulen" des Wissensbegriffs ergibt sich im Hinblick auf Sätze des christlichen Theismus wie z. B. „Gott ist dreifaltig" oder „Die Menschheit ist durch Jesus Christus erlöst" eine ungeschminkt prekäre Situation. Denn um in Bezug auf diese Sätze sagen zu dürfen, wir *wüssten* sie, müssten wir die genannten drei Bedingungen erfüllen. Dabei stellt der Glaubens-Aspekt das geringste Problem dar. Dass wir von der Wahrheit der genannten Sätze ausgehen, scheint ebenso klar zu sein. Weniger klar ist jedoch, was das heißt. Denn damit man von der Wahrheit dieser Sätze ausgehen kann, müsste deren Geltung irgendwie gezeigt werden. Und das ist offenkundig nicht ohne Rechtfertigung, also die dritte Säule des Wissens-Begriffes, möglich. Wenn wir unter Rechtfertigung ungefähr das verstehen dürfen, was wir in dem oben erwähnten Beispiel des Elementarteilchenphysikers gesagt hatten, dann müssen wir zugeben, dass wir uns auf die genannten Sätze nicht im Modus des Wissens beziehen können. Dazu bräuchte es allgemein einsehbare Gründe, eine nachvollziehbare Erfahrungsgrundlage z. B., die in objektiver Weise jedem und jeder zugänglich gemacht werden kann. Solange wir einen derart hochkarätigen Wissensbegriff voraussetzen, bleibt der Graben zwischen Glauben und Wissen bestehen. Und solange – etwa im Kontext wissenschaftlicher Ansprüche oder Diskussionsstandards – gewusste Sätze ein höheres Ansehen genießen als geglaubte Sätze, ist die erkenntnistheoretische Situation für den theistischen Glauben schwierig, muss er vor den Ansprüchen des Wissensbegriffes als etwas Zweitrangiges und bloß Hypothetisches eingestuft werden.

Allerdings hat auch das Drei-Säulen-Modell von Wissen, so elegant es zu sein scheint, seine Tücken. In einem aufsehenerregenden Artikel Mitte der 60er Jahre hatte Edmund L. Gettier auf die Undurchsichtigkeit des Rechtfertigungsbegriffes aufmerksam gemacht. Anhand einiger bisweilen skurril wirkender Beispielsätze – die seither in der Literatur Gettier-Fälle heißen – konnte Gettier zeigen, dass die Rede von „Rechtfertigung" sehr problematisch und uneindeutig ist.[33]

> **Gettier-Fall 1**

Smith und Jones haben sich für dieselbe Stelle beworben.

⇒ Smith hat gute Gründe für die Annahme:

(a) *Jones ist derjenige, der die Stelle erhalten wird; und Jones hat zehn Münzen in seiner Hosentasche.*

Die Gründe für Smith könnten z. B. darin bestehen, dass er in einem Gespräch mit dem möglichen Arbeitgeber herausgefunden hat, dass man sich für Jones entscheiden will, und dass er die Münzen in der Hosentasche von Jones gezählt hat.

⇒ Smith hat daher ebenfalls gute Gründe für die folgende Annahme:

(b) *Derjenige, der die Stelle erhalten wird, hat zehn Münzen in seiner Hosentasche.*

Für Smith folgt (b) aus (a). Und für (a) hat Smith, wie wir andeuteten, vernünftige, also gute Gründe (Rechtfertigung).

Nun können wir uns aber folgende Situation denken: Smith selbst wird die Stelle erhalten, was ihm aber im Augenblick noch nicht bekannt ist. Und Smith selbst hat, was ihm im Moment auch nicht bewusst ist, zehn Münzen in seiner Hosentasche. In diesem Fall wäre die Annahme (b) wahr, obwohl die Voraussetzung (a), von der aus Smith auf (b) geschlossen hat, falsch ist.

⇒ Mehr noch: Das genannte Beispiel würde die Bedingungen für Wissen erfüllen. Denn erstens ist (b) *wahr*. Zweitens *glaubt* Smith auch, dass (b) wahr ist. Und drittens ist Smith darin *gerechtfertigt* (er kann Gründe angeben) zu glauben, dass (b) wahr ist.

⇒ Aber es ist, wenn wir den Gedankengang noch einmal von (a) her durchgehen, offensichtlich, dass Smith gar nicht *weiß*, dass (b) besteht. Denn (b) ist wahr mit Bezug auf die berufliche Karriere von Smith und mit Bezug auf die Zahl der Münzen in Smith' Hosentasche, während sich Smith' Rechtfertigung auf Jones und dessen Hosentascheninhalt bezieht.

▶ **Gettier-Fall 2**

Smith kennt Jones schon lange. Jones besitzt einen Ford. Darüber hinaus hat Smith einen Freund namens Brown, der relativ häufig seinen Aufenthaltsort wechselt.

⇒ Smith hat gute Gründe für folgende Annahme:

(a) *Jones besitzt einen Ford.*

Smith kann für (a) eine Reihe von Gründen angeben: Er kennt Jones praktisch schon ewig. Und seit er denken kann, besitzt Jones einen Ford. Jones hatte sich zudem immer wieder, vielleicht sogar vor kurzem, angeboten, Smith ein Stückchen Weges mitzunehmen etc.

Nehmen wir nun weiter an, Smith denkt an seinen Freund namens Brown, dessen Aufenthaltsort ihm völlig unbekannt ist. Smith denkt sich nun einfach so drei Städte aus und formuliert folgende drei Sätze:

(b) *Entweder besitzt Jones einen Ford, oder Brown ist in Boston.*

(c) *Entweder besitzt Jones einen Ford, oder Brown ist in Barcelona.*

(d) *Entweder besitzt Jones einen Ford, oder Brown ist in Brest-Litovsk.*

Pikant an diesen Sätzen ist nun, dass (b) bis (d) den Gesetzen der formalen Logik entsprechend aus (a) „abgeleitet" werden können. Denn ein Sachverhalt darf ohne weiteres mit einer Oder-Verknüpfung zu einem so genannten „disjunktiven" Sachverhalt (*„r oder s"*) erweitert werden.

⇒ Das würde aber bedeuten: Smith ist gerechtfertigt, (b) bis

(d) zu glauben, weil es genügt, (a) als Grund der Ableitung anzugeben. Da ein disjunktiver Sachverhalt („*r oder s*") wahr ist, wenn einer der Teilsachverhalte besteht (sei es nun *r*, sei es *s*), könnten wir wiederum sagen, dass hier die drei klassischen Kriterien von Wissen erfüllt sind. Denn jeder der drei Sätze ist wahr. Smith glaubt auch, dass sie wahr sind. Und Smith kann Gründe (die Ableitung nämlich) angeben.

Aber auch hier würden wir offensichtlich nicht gern von Wissen sprechen; denn Smith hat ja keine Ahnung, wo Brown sich aufhält.

Der Fall lässt sich aber noch weiter verschärfen: Stellen wir uns vor, Jones hat eben seinen Ford verkauft, ohne dass Smith etwas davon mitbekommen hat. Und stellen wir uns zusätzlich vor, Brown würde sich zufällig in Barcelona aufhalten, ohne dass Smith das schon zu Ohren gekommen ist.

⇒ Niemand würde jetzt sagen, Smith weiß das, was in (c) ausgesagt wird, obwohl die klassischen Bedingungen erfüllt sind: Der Satz (c) ist wahr, Smith glaubt auch, dass (c) wahr ist. Und Smith ist darin gerechtfertigt (er kann Gründe nennen, nämlich die Ableitung aus (a)) zu glauben, dass das in (c) Ausgesagte der Fall ist.

Gettiers Fallstudien provozierten eine feinere Bestimmung des Wissensbegriffes. J. P. Moreland und William L. Craig sprechen in diesem Zusammenhang von drei Strategien[34], die den Wissensbegriff gegen Gettier-Fälle schützen sollten:

Strategie 1	⇒	*Beibehaltung* der Standardbestimmung von Wissen und verschärfende Interpretation (Renoviertes Drei-Säulen-Modell)
Strategie 2	⇒	*Ergänzung* der Standardbestimmung von Wissen durch eine vierte Säule (Vier-Säulen-Modell)
Strategie 3	⇒	*Ersetzen* der Säule „Rechtfertigung" durch eine andere Säule (Verändertes Drei-Säulen-Modell)

Eine Verschärfung im Sinne der *Strategie 1* würde zunächst darauf insistieren, dass die Rechtfertigung in allen beiden Gettier-Fällen eigentlich zu schwach bzw. zu weitmaschig war. Vor allem darf es nicht passieren, dass es für falsche Annahmen eine Rechtfertigung gibt. Der Zusammenhang zwischen Rechtfertigung und Wahrheit muss so eng sein, dass ein Gettier-Fall da gar nicht dazwischengehen kann. Das erkennende, rechtfertigende und wissende Subjekt muss daher über die ausreichende Kompetenz verfügen, um einen engmaschigen Zusammenhang zwischen Rechtfertigung und Wahrheit herstellen zu können. Moreland und Craig verweisen aber auf ein Grundproblem, das mit der in *Strategie 1* gegebenen Verschärfung verbunden ist: Es gibt wohl nur sehr wenige Annahmen, für die diese verschärfte Bedingung in dem Sinne erfüllbar ist, dass sie als rechtfertigende Sätze in Frage kommen.[35] Eigentlich bleiben nur noch analytisch wahre Sätze – also Sätze der Logik und Mathematik, deren Geltung ohne Bezug auf empirische Inhalte erwiesen werden kann (z. B. „Schimmel sind weiß") – übrig sowie Sätze über die eigenen Sinneseindrücke oder über die eigenen mentalen Zustände: „Ich habe jetzt einen gelben Farbeindruck". Sätze wie „Ich sehe jetzt eine gelbe Tasse" sind aus dieser Sicht bereits abgeleitete Sätze, die ihrerseits einer Rechtfertigung bedürfen. Das Problem liegt nunmehr auf der Hand: Der resultierende Wissensbegriff wäre im Grunde viel zu eng. Viele Fälle, in denen wir alltagssprachlich getrost von Wissen sprechen (z. B. „Ich weiß, dass Ludwig Wittgenstein 1951 in Cambridge gestorben ist") würden ein so verschärftes Kriterium nicht erfüllen können.

Anliegen der *Strategie 2* ist es nun, durch die Einziehung einer vierten Säule, sowohl eine Verengung des Wissensbegriffs zu vermeiden als auch einen Schutz vor Gettier-Fällen zu erreichen. Man könnte die bekannteste Theorie, die in dieser Richtung liegt, als Kein-Gegengrund-Theorie bezeichnen.[36] Der Ausgangspunkt für diesen Ansatz ist ohne weiteres einsichtig. Denn die Gettier-Fälle bringen das Drei-Säulen-Modell zum Wanken, weil in den Prozess der Rechtfertigung falsche Annahmen (z. B. „Jones ist derjenige, der die Stellenzusage erhalten wird") eingeflossen sind. In Anlehnung an Roderick Chisholm lässt sich Widerlegbarkeit in zwei Schritten definieren.[37] Diese Definitionen bilden sozusagen den Hintergrund, um zu verstehen, was die Kein-Gegengrund-Theorie meint:

(1) Der Satz „Es gibt eine Widerlegung der Begründung für eine bestimmte Annahme h" bedeutet: „Es gibt ein Bündel von Gründen e und ein Bündel von Gründen e^* dergestalt, dass e wahr ist und die Annahme h rechtfertigt und dass e^* wahr ist und dass die Verbindung von e mit e^* die Annahme h nicht rechtfertigt."

(2) Der Satz „Eine Rechtfertigung für eine Annahme h ist widerlegbar" bedeutet: „Es gibt ein Bündel von Gründen e dergestalt, dass e wahr ist und dass e die Annahme h rechtfertigt und dass diese Rechtfertigung entkräftet werden kann."

In einer weniger logisch und formal ausgedrückten Sprache heißt das: Eine Annahme ist so lange widerlegbar, als es für ihre Rechtfertigung einschlägige Gegengründe gibt. Erst wo gezeigt werden kann, dass diese Gegengründe die Rechtfertigung nicht aushebeln können, kommt die Rechtfertigung einer Annahme auch zu einem Erfolg.

Aber reicht diese Verbesserung schon aus? Hilft sie uns als vierte Säule in der Architektur des Wissensbegriffes? Die Tauglichkeit der Kein-Gegengrund-Theorie wurde in der Literatur in Zweifel gezogen. Keith Lehrer und Thomas Paxson haben die berechtigten Zweifel an der Tauglichkeit an einem anschaulichen Beispiel illustriert:

„Angenommen, ich sehe, wie ein Mann in die Bibliothek geht, ein Buch unter den Mantel steckt und mitgehen läßt – da ich mir ganz sicher bin, daß es sich dabei um Tom Grabit handelt, dem ich zuvor schon oft in meinen Seminaren begegnet bin, gebe ich an, daß ich weiß, daß Tom Grabit das Buch entwendet hat. Angenommen jedoch, Mrs. Grabit, Toms Mutter, habe behauptet, Tom sei an dem fraglichen Tag nicht in der Bibliothek, sondern hunderte von Kilometern entfernt gewesen, und Toms eineiiger Zwillingsbruder, John Grabit, sei in der Bibliothek gewesen. Weiterhin angenommen, mir sei nicht bekannt, daß Mrs. Grabit derartiges gesagt hat. Unserer gegenwärtigen Definition von Widerlegbarkeit zufolge würde die Aussage, daß sie es gesagt hat, jede Rechtfertigung widerlegen, die ich dafür habe zu glauben, daß Tom Grabit das Buch entwendet hat. […]

Das klingt so weit ganz akzeptabel, aber nun beenden wir die Geschichte und erzählen, daß Mrs. Grabit in Wirklichkeit eine zwanghafte Lügnerin und John Grabit eine Erfindung ihres verwirrten Geistes ist und daß Tom Grabit das Buch entwendet hat – genau so, wie ich es mir dachte. Sobald man dies hinzufügt, sollte offensichtlich sein, daß ich trotz allem wußte, daß Tom Grabit das Buch entwendet hat […].“[38]

Um gegen derartige Fälle gewappnet zu sein, bedarf es einer Verfeinerung des Widerlegbarkeitsbegriffes. Dabei kommt es darauf an, gute von schlechten widerlegenden Gegengründen zu unterscheiden. Aber auch wenn eine Definition, die eben dies zu leisten vermag, glücken sollte[39], so stehen wir doch, wie Moreland und Craig hervorgehoben haben, vor dem Problem, dass wir nicht sagen können, wie weit das Spiel „Suche mögliche Gegengründe bzw. schließe sie aus" zu treiben ist, weil wir uns meistens nicht vorstellen können, was alles als Einwand und Gegengrund in Frage kommen kann, so dass wir uns vorwerfen lassen müssten, das Etikett „Wissen" in der Regel sehr vorschnell zu verwenden.

Ziel der *Strategie 3* ist es schließlich, die unterreflektierte Säule „Rechtfertigung" durch eine andere zu ersetzen. Eine Möglichkeit dazu bietet die so genannte Verlässlichkeitstheorie[40] (Reliability-Theory) des Wissens:

(VT) Die Annahme *A* einer Person *a*, dass der Sachverhalt *p* besteht, kann als Wissen gelten, wenn *A* auf für *a* verlässliche Weise zustande gekommen ist.

Der etwas vage Ausdruck „verlässliche Weise" bezieht sich dabei beispielsweise auf die Methoden, die Prozeduren und Wege, auf denen eine Annahme entwickelt und in ihrer Geltung konsolidiert werden konnte. Die Verlässlichkeitstheorie hat unstrittig ihren Vorzug darin, dass sie eine Bestimmung der „Weise" bewusst offen lässt. Es kann sich um Sinneserfahrungen handeln, die die Geltung einer Annahme untermauern und somit zu Wissen führen. Es kann sich aber auch um das Zeugnis einer Person, einer Überlieferungstradition etc. handeln. Wichtig ist nur, dass sich die in Rede stehende Person *a* auf die in Frage kommenden Instanzen verlassen kann und dass es eine sinnvolle Unterscheidungsmöglichkeit zwischen verlässlicher und unzuverlässiger Prozedur etc. gibt.

Aber damit stehen wir bereits vor dem Problem dieses Ansatzes: Muss ich nicht schon *wissen*, was Verlässlichkeit ist und meint, um entscheiden zu können, ob die Verfahren etc., die zur Konsolidierung der Geltung einer Annahme beitragen, als verlässlich eingestuft werden dürfen. Damit tut sich ein Zirkelproblem auf, das sich auch schon auf der Ebene der Definition (VT) erkennen lässt, sobald man den Ausdruck „als Wissen gelten" mit dem Begriff übersetzt, der im Grunde mit dem Wissensbegriff zusammenhängt: Eine Annahme ist dann verlässlich, wenn sie verlässlich, d. h. auf verlässliche Weise zustande gekommen, ist. Verlässlichkeit scheint nämlich – gerade angesichts der notwendigen Wahrheit – nur eine gewisse Synthese aus den schon bekannten „Säulen" Wahrheit und Rechtfertigung zu sein. Damit hilft uns (VT) also nicht weiter, obwohl diese Theorie eine wichtige Intuition befördert: dass wir nämlich in vielen alltäglichen Fällen mit gutem Recht davon ausgehen, Wissen zu haben, und dass wir uns daher auch auf die alltäglichen Instanzen, die die Geltung einer Annahme konsolidieren, verlassen.

Eine im Rahmen der *Strategie 3* mögliche alternative Neubildung einer dritten Säule zur Stützung des Wissensbegriffes stellt schließlich die Kausaltheorie des Wissens dar. In Anlehnung an Alvin Goldman[41] ließe sich diese Theorie folgendermaßen schematisieren:

> (CT) Eine Annahme *A* kann als Wissen gelten, wenn zwischen dem *bestehenden* Sachverhalt *p*, der die Annahme *A* wahr macht, und der Annahme *A*, die eine Person *a* hat, ein entsprechender Kausalzusammenhang besteht.

Die in (CT) enthaltenen Forderungen sind zunächst eigentlich ganz einleuchtend. Und es ist auch leicht zu sehen, dass sie uns vor Gettier-Fällen schützen können. Denn bei diesen Fällen lässt sich nachweisen, dass zwischen dem eigentlich in Rede stehenden Sachverhalt einerseits und der Annahme einer Person kein Kausalzusammenhang festzustellen ist. Als Beispiel soll der disjunktive Sachverhalt „Jones hat einen Ford, oder Brown ist in Barcelona" dienen. So schreibt Goldman:

> „Zu beachten ist, daß die Tatsache, daß Brown in Barcelona ist, [den Sachverhalt; TS] *p* [„Jones hat einen Ford, oder Brown ist in Barcelona"; TS] zwar wahr *macht*, aber nichts damit zu tun hat, daß Smith [den Sachverhalt; TS] *p* glaubt. Das heißt, es besteht kein *kausaler* Zusammenhang zwischen der Tatsache, daß Brown in Barcelona ist und der Tatsache, daß Smith *p* glaubt. Hätte Smith einen in Barcelona abgestempelten Brief von Brown erhalten und wäre so zu der Meinung gelangt, daß [der Sachverhalt; TS] *p* [besteht; TS], so könnten wir sagen, daß er *p* weiß, und entsprechend könnten wir dies sagen, wenn Jones tatsächlich einen Ford besäße, wenn dies in seinem Angebot, Smith darin mitfahren zu lassen, zum Ausdruck käme und wenn dies wiederum zu Smiths Meinung, daß [der Sachverhalt; TS] *p* [besteht; TS], geführt hätte. Was also in diesem Beispiel zu fehlen scheint, ist der Kausalzusammenhang zwischen der Tatsache, die *p* wahr macht […] und Smiths Meinung, daß *p*."[42]

Wichtig für das Etikett „Wissen" ist also das Bestehen einer ununterbrochenen Kausalkette (in einem weiteren Sinn des Wortes). Denn für die Produktion einer Meinung können zu einem gewissen Teil ja auch Erinnerungen mitverantwortlich sein, die sich als Hintergrundwissen kausal bemerkbar machen. Ein Beispiel: Wenn Hans am Vesuv steht und die erkaltete und erstarrte Lava sieht, dann wird er zu Recht zu der Annahme kommen, dass der Vesuv vor geraumer Zeit ausgebrochen ist. Nicht allein sein Blick auf die Lava, sondern auch sein Hintergrundwissen sind dafür verantwortlich, dass die entsprechende Annahme *A* als Wissen qualifiziert werden kann. Nun muss sich die Person *a* aber nicht über das Bestehen der Kausalkette eigens bewusst sein.

Das macht Alvin Goldman sozusagen e contrario an einem Beispiel[43] deutlich: Nehmen wir an, ein Vulkan wie der Vesuv bricht aus und hinterlässt Lava. Nehmen wir weiter an, eine Person *b* entfernt die Lava, um den Ausbruch zu vertuschen. Und stellen wir uns vor, eine Person *c* drapiert Jahrzehnte später die Lava um den Vulkan, um den Eindruck eines vor geraumer Zeit stattgefundenen Ausbruchs zu erwecken. In diesem Fall ist die Annahme *A* („Der Vulkan ist vor geraumer Zeit ausgebrochen") nicht in geeigneter Weise mit der einschlägigen Tatsache kausal verknüpft. Man kann daher auch nicht davon sprechen, dass *a* die Annahme *A* weiß. Dabei ist es unerheblich, ob *a* die Kausalkette eigenständig rekonstruieren kann oder nicht und ob sie sich dieser Kette bzw. des Fehlens der Kette bewusst ist.

Nun wird es niemand wundern, dass auch (CT) einige Probleme mit sich bringt. Sie hängen logischerweise alle am Begriff des Kausalzusammenhangs. Denn es ist nicht zu sehen, wie abstrakte Sachverhalte, z. B. im Gefilde der Logik und Mathematik, oder ethische Sachverhalte kausal auf eine Person *a* einwirken können.[44] Und es ist ebenfalls zu kurzatmig, Wissen auf jene Bereiche beschränken zu wollen, wo sich eindeutige Kausalzusammenhänge feststellen lassen. So ist beispielsweise nicht zu leugnen, dass wir durch logisches Schließen zu Konklusionen gelangen, die wir als Wissen einstufen. Aber weder mit den Prämissen eines Schlusses noch den logischen Gesetzen, die einen Schluss gestatten, hängt eine Konklusion *kausal* zusammen.[45] Der Zusammenhang ist logischer Art. Von kausaler Wirkung kann man mit noch so viel Phantasie nicht reden.

Ein weiteres Problem tut sich für (CT) im Falle konkurrierender Ursachen[46] auf: Nehmen wir an, ich sitze vor offener Terrassentür an meinem Computer und blicke in den Garten. Ich höre das Miau einer Katze und erspähe am Ende des Gartens einen schwarz-weiß-gemusterten Fleck, den ich für ein Katzenfell halte. Ich komme zu der Annahme, dass mein Kater Maunzer sich im Garten befindet. Einige Minuten später blicke ich erneut hoch und sehe, wie Maunzer in der Nähe meiner Tür durch den Garten schleicht. Stellen wir uns weiter vor, dass das Miau tatsächlich von Maunzer kam, während der schwarz-weiß-gemusterte Fleck von einem in den Garten verwehten Wäschestück stammt. Weiß ich nun, dass Maunzer im Garten ist, oder nicht? Zwar beeinflusst das Miauen kausal meine Annahme, aber dieser Sachverhalt allein ist noch zu schwach, um in geeigneter Weise zur Annahme „Maunzer ist im Garten" zu kommen. Ich komme in geeigneter Weise eigentlich nur zu der Annahme „Eine Katze ist im Garten", da das Miauen auch von anderen Katzen stammen kann. Die spezifischere Annahme, die sich auf Maunzer bezieht, braucht eine zusätzliche Ursache – geeigneterweise in einer optischen Wahrnehmung. Die optische Täuschung wiederum torpediert die kausale Kraft des Miauens im Blick auf meine Meinung. Dass ich Maunzer einige Minuten später in meiner Nähe sehe, könnte als Rechtfertigung meiner Annahme durchgehen – aber nicht im Rahmen von (CT). Denn es widerspricht den elementarsten Begriffen von Kausalität, dass ein zum Zeitpunkt t_2 auftretender Sachverhalt kausal auf eine zum früheren Zeitpunkt t_1 formulierte Annahme wirken kann. Obwohl mir (CT) also nicht das Recht gibt, bin ich dennoch geneigt, davon zu reden, dass ich weiß, dass Maunzer zu t_1 im Garten ist. Kurzum: Auch (CT) bietet nicht die Stütze, die man bräuchte, um einen stabilen Begriff des Wissens zu etablieren.

Die bisherigen Beobachtungen zu den tragenden Säulen des Wissensbegriffes und zu den stützenden Strategien führen zu dem Ergebnis, dass wir trotz vielfacher Definitionsversuche nicht vollkommen klar sagen können, worin der Unterschied zwischen Glauben und Wissen genau besteht. Jeder Versuch, einen praktikablen Umgang mit Glauben und Wissen entlang eines – mit allen zur Verfügung stehenden Mitteln etablierten – signifikanten Unterschieds zu gestalten, wird zu einer Verschärfung der Bedingungen von Wissen führen. Die skizzierten Strategien belegen deutlich, dass die Messlatte für Wissen in der Post-Gettier-Ära außerordentlich hoch zu liegen scheint.

Eine Verschärfung der Bedingungen für Wissen macht aber den Graben zwischen Glauben und Wissen noch größer. Und das lässt die Situation des Theisten/der Theistin als durchaus prekär erscheinen, solange man grundsätzlich an einem Dignitätsunterschied zwischen Glauben und Wissen festhält und gewusste Sachverhalte als höherkarätig einstuft.

2.3 Der Glaube im Rechtfertigungsdruck des Wissens

Solange man einigermaßen vage bleibt, kann man den Unterschied zwischen Glauben und Wissen mit dem Begriff der Rechtfertigung markieren. Im Hintergrund steht eine Art Ethos, das in der Literatur als „Evidentialismus" gekennzeichnet wird.

2.3.1 Der „Evidentialismus" als Erkenntnis-Ethos

Dieses Ethos stellt das typisch neuzeitliche, kritische Erbe dar, mit der die Erkenntnistheorie der Gegenwartsphilosophie zu wirtschaften hatte. Thesenartig könnten wir diese Auffassung folgendermaßen auf einen Nenner bringen:

(EV) Wenn eine Person a an der Annahme festhält, dass der Sachverhalt p besteht, dann muss a eine ausreichende Begründung für ihre Annahme, dass p, vorweisen können.[47]

Die These (EV) ist es, die zu einer Vorordnung von gewussten Sachverhalten gegenüber nur geglaubten Sachverhalten rät. Sie befördert eine Haltung, die die Situation des Theismus nicht gerade einfach macht. An der im ersten Kapitel skizzierten Gegenüberstellung von Clifford und James konnten wir ablesen, wo die Schwierigkeiten von (EV) liegen. Die Einwände gipfeln wesentlich in dem Hinweis, dass (EV) kein praktikables, lebbares Ethos enthält und in radikaler Konsequenz zum Skeptizismus führen müsste. Nichtsdestotrotz ist die Wirkkraft von (EV) kaum zu überschätzen, lässt sich doch die Stoßrichtung der neuzeitlichen, insbesondere der kritischen Erkenntnistheorie auf diesen Nenner bringen. Was das für den Umgang mit dem Theismus bedeutet, bringt Alvin Plantinga auf einen klaren Begriff:

> „Viele Philosophen haben den *evidentialistischen* Einwand gegen den theistischen Glauben vorgebracht. Sie haben behauptet, der Glaube an Gott sei irrational, unvernünftig, rational nicht akzeptabel, intellektuell unverantwortlich oder noetisch unzugänglich, weil es, wie sie sagen, keine ausreichenden Belege für ihn gebe. Viele andere Philosophen und Theologen – im speziellen diejenigen in der großen Tradition der natürlichen Theologie – haben behauptet, der Glaube an Gott sei intellektuell akzeptabel, aber nur deswegen, weil es eine Tatsache sei, daß es ausreichende Belege für ihn gebe. Diese zwei Gruppen stimmen in der Auffassung überein, daß der theistische Glaube nur dann rational akzeptabel sei, wenn es ausreichende Belege für ihn gibt. Etwas genauer: Sie sind der Ansicht, daß es für eine Person nur dann rational oder vernünftig ist, den theistischen Glauben zu akzeptieren, wenn sie ausreichende Belege für ihn hat – d. h. nur dann, wenn sie einige *andere* Propositionen weiß oder rationalerweise glaubt, welche die fragliche stützen, und wenn sie die letzteren auf der Basis der ersteren glaubt."[48]

Das setzt den Theismus einem Begründungsdruck aus, der nichts weniger verlangt, als ihn auf unbestritten feste Fundamente zu stellen. Prekär wird die Lage also, wenn sich der Evidentialismus mit einem strengen Wissens-Begriff verbrüdert. Einem strengen Wissensbegriff – soll er auf den genannten drei Säulen aufruhen – liegt notwendigerweise eine gewissermaßen hartherzige Lesart des Rechtfertigungsbegriffes zugrunde.

2.3.2 Eine „hartherzige" Lesart von Rechtfertigung: „Foundationalism"

Diese harte Lesart wird in der Literatur als „Foundationalism" (erkenntnistheoretischer Fundamentalismus) bezeichnet. Sie findet sich beispielsweise sowohl in der rationalistischen Erkenntnislehre eines René Descartes († 1650) als auch im Empirismus eines John Locke. Der Foundationalism arbeitet genau so, wie es das von Plantinga stammende Zitat gegen Ende andeutet: Er betrachtet Rechtfertigung als Bau auf klaren, tragfähigen Fundamenten. Schablonenhaft könnte man diesen Ansatz auf folgende Formel bringen:

(FD) Wenn eine Person a weiß, dass p, dann muss a eine ausreichende Begründung für ihre Meinung, dass p, angeben können und zwar in der Form, dass sie p auf begründende (*basale*) Sätze (bzw. Propositionen) n_1 bis n_x zurückführt, die ihrerseits keiner weiteren Begründung bedürfen, sondern unmittelbar einsichtig sind – sei es als Vernunftwahrheiten, sei es durch unmittelbaren Bezug auf die Sinneswahrnehmung – und daher basale (= grundlegende) Propositionen ausdrücken bzw. sich auf basale Sachverhalte beziehen.[49]

Daraus lassen sich eindeutige erkenntnistheoretische Verpflichtungen ableiten. Einem Definitionsvorschlag von Alvin Plantinga folgend, kann man sie auf folgenden Nenner bringen:

(FD*) Eine Annahme A ist akzeptabel für eine Person a genau dann, wenn A entweder im eigentlichen Sinne *basal* ist (z.B. selbstbestätigend, unkorrigierbar, aus der Sinneswahrnehmung stammend etc.) oder wenn sie auf der Basis von Sätzen angenommen wird, die ihrerseits akzeptabel sind und die Annahme *A* entsprechend logischer und rationaler Standards (z. B. deduktiv) unterstützen und bekräftigen – will sagen: Wenn *A* schon nicht basal ist, muss *A* wenigstens aus *basalen* Propositionen abgeleitet werden können.[50]

Schon auf den ersten Blick zeigt sich, dass (EV) in Verbindung mit (FD) und (FD*) den religiösen Glauben in eine schier aussichtslose Lage bringt: Mögen die erkenntnisbezogenen Pflichten, wie sie hier geäußert wurden, im Hinblick auf alle Aussagen von Gott im Rahmen einer philosophischen Gotteslehre – in den Koordinaten der so genannten natürlichen Theologie – erfüllbar sein (und selbst das wird ja bis heute in aller Schärfe diskutiert), so ist es wohl aussichtslos, Sätze wie „Gott ist dreifaltig" oder „Die Menschheit ist durch Jesus Christus erlöst" im genannten Sinne begründen zu wollen, da es sich hierbei weder um reine Vernunftwahrheiten noch um durch Sinneserfahrung im engen und strengen Sinn belegbare Sätze handelt. Was aus der Perspektive von (FD) vom christlichen Theismus übrig bleibt, ist nicht weit von dem entfernt, was David Hume anvisiert hatte: eine Form von Religion, bei der alle auf Erfahrung im weiteren Sinn (nämlich Offenbarung) bezogenen Sätze subtrahiert werden, so dass das Ergebnis eine purifizierte Vernunftreligion ist. Die aus geschichtlichen und konkreten Kontexten herstammenden, Offenbarungsinhalte bestimmenden Erfahrungen können gerade wegen ihrer Geschichtlichkeit nicht aus der Vernunft abgeleitet werden. Was sich zeigen lässt, ist, dass diese Offenbarungsinhalte der Vernunft nicht widersprechen, dass sich in ihnen ein philosophisch ausweisbarer Gottesbegriff spiegelt und konkretisiert, dass der Gott der Offenbarung und der Gott der Philosophen im Blick auf die ihm zugeschriebenen Eigenschaften übereinkommt (Konvenienz). Aber das ist eben nicht die Sorte von Rechtfertigung, die (FD) und (FD*) im Blick haben: Entweder sind theistische Sätze basale Sätze, oder sie können aus basalen Sätzen abgeleitet werden.

Dabei muss an dieser Stelle allerdings auch gesagt werden, dass (FD) und (FD*) als Maßstäbe für Wissen (bezogen auf den Rechtfertigungsbegriff) keineswegs unumstritten sind. Wir hatten im vorausgehenden Kapitel schon einmal festgestellt, dass eine allzu heftige Verschärfung der Bedingungen für Wissen unsere alltäglichen Intuitionen – überall da, wo wir ungern auf das Etikett „Wissen" verzichten würden – vor schier unüberwindliche Hürden stellt.

2.3.3 Die Kohärenztheorie des Wissens als Alternative?

Ein dem Foundationalism diametral entgegengesetztes Modell ist die so genannte Kohärenztheorie des Wissens. Die Kohärenztheorie wurde von zahlreichen prominenten Philosophen vertreten – mit unterschiedlichen Akzentsetzungen und in unterschiedlicher Auslegung. Eine sehr plausible Version wurde von Laurence BonJour entfaltet.[51] Daher orientiert sich die folgende Übersicht, welche die Thesen, Probleme und Lösungswege einer Kohärenztheorie ansichtig machen will, an seinen Überlegungen:

▶ *Generelle Thesen der Kohärenztheorie des Wissens*

1. Der Foundationalism lebt von irreführenden Bildern, die als Maßstäbe von Wissen ausgegeben werden.

1.1 Zu diesen Bildern gehört der Mythos vom unmittelbar Gegebenen – was sich ganz klar an der Einstufung der Sinneswahrnehmung zeigt.[52] Dabei übersieht der Foundationalism, dass auch schon die Rede über Sinneswahrnehmungen Sprache und Begriffe voraussetzt, so dass wir nicht mehr leichtfertig von einem durch die Sinne vermittelten Bezug zur Wahrnehmung sprechen können.

1.2 Zu den Mythen des Foundationalism gehört auch, dass es überhaupt möglich ist, all unser Wissen auf klare Fundamente zurückzuführen. Kann eine einzelne Person oder ein einzelner Sprecher dies leisten? Oder verurteilt das intellektuelle Ethos des Foundationalism nicht doch zu einem faktisch unendlichen Immer-weiter-begründen-Müssen?

1.3 Zu den Mythen des Foundationalism zählt schließlich, dass wir klar zwischen basalen Sätzen bzw. Propositionen und nicht-basalen Sätzen bzw. Propositionen unterscheiden könnten und dass all jene Sätze bzw. Propositionen, die im Fokus von Glauben oder Wissen stehen, entweder in die Menge der basalen oder in die Menge der nicht-basalen Sätze bzw. Propositionen gehören. Strittig ist dabei aber, was als Kriterium von Basalität in Frage kommt: Der Rekurs auf Unkorrigierbarkeit, unmittelbare Einsehbarkeit oder analytische Wahrheit schafft zu hohe Hürden für Wissen.

2. An die Stelle foundationalistischer Versuche einer Begründung tritt eine Rechtfertigungs- bzw. Begründungsoperation, die sich dem Zusammenhang (daher: Kohärenz) von Sätzen bzw. Propositionen in einem System verdankt.

2.1 Der Zusammenhang ist a) logischer (Konsistenz: Nicht-Widersprüchlichkeit), b) begrifflicher (Bedeutungszusammenhang, Kategorienzugehörigkeit) und c) inhaltlicher (eine Proposition p impliziert eine andere Proposition q) Art.

2.2 Die strikte Trennung von „basal" und „nicht-basal" muss aufgegeben werden. Je nach Kontext kann ein Satz als Ausdruck einer basalen oder als Ausdruck einer nicht-basalen Proposition fungieren.

2.3 Der Foundationalism denkt die Begründungsrelation sehr streng, nämlich irreflexiv und asymmetrisch: D. h. wenn p q begründet, dann kann p nicht p (also sich selbst) begründen. Und wenn p q begründet, dann kann q nicht p begründen. Aus der Sicht der Kohärenztheorie muss diese Relation anders gestaltet werden. In der Kohärenztheorie ist es denkbar, dass a b begründet, b c, c d … und dass z wiederum a begründet. Die Begründungsrelation ist hier also keine Einbahnstraße, sondern lässt eine gewisse Wechselseitigkeit der Begründung zu.

▶ *Prinzipielle Einwände*

1. Generell wurde gegen die Kohärenztheorie ins Feld geführt, dass die Verwischung des Unterschieds zwischen basalen und nicht-basalen Propositionen zu einer Zirkularität in der Begründung führt: Wenn *a b* begründet, *b c, c d ... y z* und wenn *z* wiederum *a* begründet, dann fällt die Begründungsbeziehung über alle *a* bis *z* hin in sich zusammen.

2. Der Kohärenztheorie wurde vorgeworfen, dass sie anders als der Foundationalism keine Schnittstelle besitzt, um einen echten Input aus der Außenwelt jenseits des Systems zuzulassen. Ein kohärentes System kann nämlich geschlossen sein und in sich effizient arbeiten, aber über keine Verbindung mit der Außenwelt verfügen – wie ein Computer, der ein aufregendes, in sich zusammenhängendes Computerspiel mit sich allein spielt.[53]

3. Es wurde schließlich auch darauf verwiesen, dass es möglicherweise eine ganze Reihe von Systemen gibt, die intern kohärent sind. Aber wie können diese Systeme aufeinander bezogen werden, wo sie doch in sich geschlossen sind. Und nach welchen Kriterien sollen wir uns für ein bestimmtes System entscheiden?

▶ *Klärende Antworten*

1. Die Begründung erfolgt nicht zwischen verschiedenen Sätzen, sondern zwischen einem kohärenten System *S* und einer/einem in Frage stehenden Proposition/Satz *p*. Da das System und die Proposition/der Satz jeweils unterschiedliche Kategorien darstellen, kann von einer Zirkelgefahr nicht die Rede sein.

2. Ein Input durch Wahrnehmungsurteile ist durchaus möglich. Dabei wird ein Satz über eine Wahrnehmung als eine spontane Annahme *A* über einen Gegenstand *g* aufgefasst, die wahr ist, wenn bestimmte Bedingungen erfüllt sind, und von der klar sein muss, dass sie der Einzelfall einer allgemeinen Art von Erfahrung ist. Nun macht die Kohärenztheorie deutlich, dass wir über begründetes Hintergrundwissen verfügen müssen in Hinsicht auf (i) die allgemeine Art von Erfahrung und (ii) die Bedingungen, die uns sagen, ob diese Erfahrung verlässlich ist. Und wir müssen (iii) wissen, ob diese Bedingun-

gen im vorliegenden Falle auch erfüllt sind. Die Kohärenztheorie hebt hervor, dass wir das relevante Wissen im Hinblick auf (i) bis (iii) nicht selbst aus der Erfahrung entnehmen können, sondern der Begründungsleistung eines schon vorgängigen Systems S verdanken. Ohne dieses System wäre der Bezug auf Erfahrung ja seinerseits ungerechtfertigt.

3. Die Abgeschlossenheit eines Systems S im Blick auf andere Systeme S_1 oder S_2 kann aufgebrochen werden, wenn man ein dynamisches Verständnis von System unterstellt: Systeme müssen als entwicklungsfähig konzipiert werden, sie müssen darauf angelegt sein, immer besser (im Sinne von kohärenter) und auch immer umfassender zu werden. Dabei wird es darauf ankommen, wie und wie sehr es ihnen gelingt, Erfahrungsinput zu integrieren bzw. sensibel auf ihn zu reagieren – etwa mit Umgestaltungen innerhalb des Systems. Diese dynamische Sicht macht es denkbar, dass die Systeme S_1, S_2, S_3 ... sich aufeinander zu bewegen oder in einen fruchtbaren Wettstreit miteinander treten, bei dem nicht die einzelnen Sätze a bis z in den Systemen S_1, S_2, S_3 ..., sondern die Leistungsfähigkeit des jeweils ganzen Systems evaluiert wird.

Aus dieser kurzen Skizze lassen sich religionsphilosophische Folgerungen ableiten, sofern man gewillt ist, einen derart grundsätzlichen Bruch mit dem Foundationalism zu vollziehen, dass man sich gleich mit der Kohärenztheorie des Wissens verbrüdert. Im Rahmen einer religionsphilosophisch sensiblen Kohärenztheorie wäre es ja denkbar, dass es ein System S_T gibt, das die Verortung und Rechtfertigung religiös-theistischer Sätze erlaubt. Es wäre aber dann in einigen zusätzlichen Schritten noch zu klären, woher die Architektur dieses Systems stammt und wie man in die Architektur hineingelangt. Vor ideologischer Selbstabriegelung würde uns hier das (im oben dargelegten skizzenhaften Überblick schon erwähnte) dynamische Verständnis von S_T schützen, welches eine Erfahrungssensibilität des Systems einfordern würde.

Die Kohärenztheorie des Wissens stellt eine radikale Alternative zum so genannten Foundationalism dar. Eine andere, vielleicht zunächst weniger umstrittene Alternative mag darin bestehen, (FD) und (FD*) in ein neues Koordinatensystem zu stellen. Seine Linien lassen sich im Wechsel vom Modell einer *internen* Rechtfertigung zum Modell einer *externen* Rechtfertigung ausfindig machen. Sachlicher Einsatzpunkt ist ein erkenntnistheoretisches Paradigma, das als „Internalismus" bezeichnet wird. Sein Anliegen lässt sich wie folgt schematisieren:

(INT) Die Rechtfertigung eines Satzes bzw. einer Proposition *p*, von dem/der eine Person *a* meint, er/sie sei wahr, kann nur durch den Rekurs auf Sachverhalte bzw. Kriterien, die innerhalb der kognitiv-epistemischen Beziehung von *a* und *p* liegen, erfolgen.[54]

Die Ausdrucksweise „innerhalb der epistemischen Beziehung" ist reichlich abstrakt. Man kann es auch so sagen: Ein erkennendes und nach Wissen suchendes Subjekt muss sich der rechtfertigenden Instanzen und Zusammenhänge auch bewusst sein. So erläutern Craig und Moreland die Bedeutung eines internalistischen Rechtfertigungsbegriffes:

„Rechtfertigung gründet sich auf das, was innerhalb des Geistes eines eine Glaubensannahme habenden Subjektes ist und zu dem es direkten Zugang hat. Dazu zählen Faktoren, denen sich das Subjekt bewusst sein kann – und zwar schlicht dadurch, dass es auf sich selbst reflektiert. So trägt zum Beispiel die Tatsache, dass Ashley einen roten Farbeindruck hat, einiges zur Rechtfertigung der Annahme bei, dass da ein roter Gegenstand vor ihr steht. Und der rote Farbeindruck ist intern für sie – es handelt sich um einen Bewusstseinszustand, zu dem sie direkten Zugang hat."[55]

Aber gerade das Ringen um die Tragfestigkeit des Wissensbegriffes hat gezeigt, dass der Internalismus allein womöglich zu wenig stabilisierende Kraft hat. Es ist vor allem die

Strategie 3, die – wie wir sahen – mit dem Internalismus bricht, weil zur Bildung einer neuen dritten, stützenden Säule Bezugsgrößen herangezogen werden, die nicht ausschließlich Sachverhalte, die innerhalb der erkenntnismäßigen Beziehung von *a* und *p* liegen, bemühen. Das erkennende und um Wissen ringende Subjekt muss sich dieser zusätzlichen Bezugsgrößen nicht ausdrücklich bewusst sein. Vielmehr treten mit dem Rekurs auf Verlässlichkeit und der Einforderung einer nicht unterbrochenen Kausalkette Instanzen auf, die eindeutig außerhalb der epistemischen Beziehung eines Subjektes zum in Rede stehenden Sachverhalt liegen. Man kann die Gegenthese zu (INT) etwa so niederschreiben:

> (EXT) Die Rechtfertigung einer Proposition bzw. eines Satzes *p*, von der/dem eine Person *a* meint, er/sie sei wahr, kann *nicht allein* durch den Rekurs auf Sachverhalte bzw. Kriterien, die *innerhalb* der epistemischen Beziehung von *a* und *p* liegen, erfolgen. Ein Rekurs auf gegenüber der Beziehung zwischen *a* und *p äußere* Kriterien ist unabdingbar.[56]

Ein Externalist wird also darauf pochen, dass wir zur Rechtfertigung einer Behauptung auch auf Faktoren rekurrieren dürfen, zu denen ein Subjekt keinen bewussten Zugang hat – wie etwa das korrekte Funktionieren seines kognitiven Apparates, die erkenntnismäßige Angemessenheit der Umgebung, den Prozess, der eine Annahme hervorbringt etc.

> Mit Blick auf die Schwierigkeiten, die den Wissensbegriff und in besonderer Weise den Rechtfertigungsbegriff begleiten, lässt sich nun ein erkenntnistheoretisches Quadrat skizzieren, das die einschlägigen Alternativen und Paradigmen benennt.
> Auf den jeweils gegenüberliegenden Seiten finden sich die inhaltlich entgegengesetzten Positionen:

Internalismus

Klassische neuzeitliche Erkenntnislehre	Klassische Kohärenztheorie
Reliabilismus, Kausaltheorie, „Reformed Epistemology", Warrant-Konzeption	Sprachspiel- und grammatikbezogene, auf Lebensform und Kultur rekurrierende Erkenntnislehre

Foundationalism

Kohärentismus

Externalismus

⇒ Das erkenntnistheoretische Quadrat hat vier Spielfelder; sie ergeben sich aus den jeweiligen Über-Eck-Kombinationen:

(i) Internalismus + Foundationalism,
(ii) Externalismus + Foundationalism,
(iii) Internalismus + Kohärentismus,
(iv) Externalismus + Kohärentismus.

Beispiele für diese Kombinationen haben wir z.T. schon kennen gelernt:
Zu den Versionen von (i) zählen die Konzeptionen der klassischen neuzeitlichen Philosophie (Descartes, Locke) genauso wie der epochale Entwurf des zeitgenössischen Philosophen R. Chisholm.

Das Schema (ii) spiegelt sich in allen Entwürfen, die den Wissensbegriff mit Hilfe einer Verlässlichkeitstheorie (VT) oder einer Kausaltheorie des Wissens (CT) stützen möchten. Im Kielwasser des externalistischen Foundationalism befinden sich die Entwürfe der momentan hochaktuellen „Reformed Epistemology" (Alston, Wolterstorff, Plantinga). Die Umrisse dieses Ansatzes werden wir noch kennen lernen.

Zur Version (iii) gehören alle inzwischen klassischen Fassungen einer Kohärenztheorie des Wissens (besonders die Konzepte von Neurath, Rescher, aber auch Davidson). Die meisten Erkenntnistheoretiker meinen, die Liste der Möglichkeiten hier beschließen zu können, weil die Kohärenztheorie von sich aus internalistisch zu sein scheint, geht es ihr doch um interne Beziehungen zwischen Sätzen und System.

In den folgenden Ausführungen wird dagegen für eine vierte Variante geworben: eine externalistische Version des Kohärentismus (iv). Sie ist nicht nur theoretisch möglich, sondern scheint in Ansätzen z. B. in der Philosophie Wittgensteins und in der Kulturtheorie Clifford Geertz' vorzuliegen.[57] Darauf wird noch zurückzukommen sein.

Mehrfach war bereits die Rede davon, dass eine internalistische Spielart des Foundationalism den christlichen Theismus in einen schier unüberwindlichen Rechtfertigungsdruck bringt, den womöglich nur eine purifizierte Vernunftreligion, die ihre Aussagen über Gott als reine Vernunftwahrheiten betrachten muss, überstehen kann. Zwar kann von dem so gestalteten Gottesbegriff noch einiges gesagt werden – etwa dass Gott als das höchste und vollkommenste Wesen zu denken ist, dass er im Bezug auf die Welt als Ursache aller nichtnotwendigen Dinge zu gelten hat u. a. m. Aber nicht mit gleichem Anspruch auf Rechtfertigung kann gesagt werden, dass dieser Gott sich seinem Volk kundgetan hat, dass er Mensch geworden ist, dass er sich als Gott der Liebe, also als dreifaltiger Gott, offenbart hat etc.

Eine Alternative, die Klippen des internalistischen Foundationalism zu umschiffen, wurde ebenfalls schon angedeutet: der Sprung in ein anderes Paradigma, die Kohärenztheorie des Wissens. Sie konfrontiert uns – fassen wir sie zunächst ebenfalls internalistisch auf – mit der Möglichkeit, dass wir von außen eine Vielzahl von in sich kohärenten Systemen anerkennen müssten und nicht genau sagen können, wie wir die Wahl eines bestimmten Systems rechtfertigen wollen. Der Rechtfertigungsdruck verschiebt sich dadurch von Innen nach Außen. Und man mag sich mit Recht fragen, ob man durch derlei Verschiebung irgendetwas gewinnt.

2.3.5 Der Ansatz der „Reformed Epistemology"

Eine weitere Alternative wurde von einigen prominenten Religionsphilosophen unter dem Stichwort „Reformed Epistemology" vorgelegt: William P. Alston, Nicholas Wolterstorff und Alvin Plantinga haben eine bemerkenswerte Version eines externalistischen Foundationalism entwickelt. Ausgangspunkt war und ist dabei zunächst eine Liberalisierung des foundationalistischen Standpunktes. Der ausschlaggebende Grund, um dem internalistischen Foundationalism eine Absage zu erteilen, liegt in der wichtigen Einsicht, dass er – so Plantinga – an seinen eigenen Maßstäben scheitert: Der Foundationalism ist, genau besehen, seinerseits gerade nicht als basal einzustufen. Denn es handelt sich bei ihm nicht um eine rein aus der Vernunft deduzierbare Wahrheit, auch nicht um etwas Selbstevidentes, oder eine Proposition, die sich unmittelbar auf Sinneserfahrung stützen könnte.[58] Will man den Foundationalism nicht ganz verabschieden, so bleibt nur eine liberale Fassung übrig:

(RE) Wenn eine Person a weiß, dass p, dann muss a eine ausreichende Begründung für ihre Meinung, dass p, angeben können und zwar in der Form, dass sie p auf begründende Sätze n_1 bis n_x zurückführt, die ihrerseits keiner weiteren Begründung bedürfen und daher grundlegende Propositionen ausdrücken. *Bestimmte Propositionen können so lange als grundlegend angesehen werden, als sich gegen diese Sicht keine zwingenden Einwände erheben.*[59]

Mit (RE) ist der Schritt zum Externalismus vollzogen. Das belegen zum einen die Überlegungen Plantingas, der natürlich vor der Schwierigkeit steht, dass man – versteht man (RE) in einem weitläufigen Sinn – auch ziemlich seltsame Propositionen bzw. Sätze als basal einstufen dürfte, solange sich keine Einwände erheben. So könnte man die Annahme, dass es den Weihnachtsmann gibt, der am Nordpol wohnt und zusammen mit einer Schar von Elfen die Kinder beschenkt, mit dem gleichen Recht als basal verstehen wie den Glauben an Gott (seine Offenbarung, sein Wirken in Jesus von Nazaret etc.). Um einen durch die Liberalisierung gegebenen Dammbruch zu vermeiden, appelliert Plantinga an den Common Sense. Er hält uns dazu an, anhand konkreter erfolgreicher Beispielfälle auf induktivem Weg zu einem Kriterium für berechtigte Basalität zu kommen. Das würde uns zeigen, dass der Glaube an den Weihnachtsmann nicht basal ist, während der Glaube an Gott durchaus als basal einzustufen sei.[60] Konkreter wird Plantinga an dieser Stelle nicht mehr.

Einen etwas klareren Schritt in Richtung Verlässlichkeitstheorie vollzieht dagegen William P. Alston. Er geht davon aus, dass es eine Gotteserfahrung im unmittelbaren Sinne geben kann, die der Verlässlichkeit der Sinneserfahrung in nichts nachsteht. Er betont, dass es keinen Grund gibt, die Annahme, dass die Gotteserfahrung die Grundlage für das Satzsystem des Theismus bilden kann, als fragwürdig oder ungerechtfertigt zu verwerfen. Denn es gibt – so Alston – das Phänomen der Gotteserfahrung, etwa in der Gestalt der mystischen Erfahrung. Das kann niemand leugnen. Dass sie unzuverlässig ist, das müsste erst gezeigt werden. Und warum nicht jeder sie machen kann, liegt am Objekt der Erfahrung (Gott, der ein von der geschaffenen Welt sehr verschiedenes Etwas darstellt) und an den außergewöhnlichen (spirituellen, sittlichen) Ansprüchen, die solch eine Erfahrung an das menschliche Subjekt stellt.[61] Alstons Verweis auf die Möglichkeit einer Gotteserfahrung (eigentlich Gottes-Wahrnehmung) stützt sich auf die Unschuldsvermutung von (RE) und auf Motive aus (VT). Dabei lässt sich aber der Verdacht nicht abweisen, dass die Unschuldsvermutung die Verlässlichkeit stützen soll und die Verlässlichkeit als Bestätigung der Unschuldsvermutung gilt, was auf einen Zirkelschluss hinauslaufen könnte.

Die Unschuldsvermutung von (RE) ist als Grundlage einer Rechtfertigungsstrategie relativ schwach und bleibt als Kriterium sehr weitmaschig. Daher kann es nicht verwundern, dass auch Plantinga im Laufe der Zeit – ähnlich wie Alston, aber anders in der Durchführung – stärker verlässlichkeitstheoretische Zusatzbestimmungen in sein Konzept integrierte. Getragen ist diese (in der Erkenntnislehre der Gegenwart wohl zu den ausgefeiltesten Konzepten zählende) Erweiterung von der Einsicht, dass wir als um Wissen ringende Subjekte schon über ein Guthaben verfügen, bevor der skeptische Griff nach dem Wissbaren uns überhaupt in ein nicht zu tilgendes Minus reißen kann. Offenkundig verfügen wir über einen Erkenntnisapparat, der verlässliche Annahmen zu produzieren imstande ist. Diese Einsicht motiviert Plantingas verästelte Erörterungen zum Begriff der Gewährleistung bzw. der Garantie („warrant"), der den internalistischen und evidentialistischen Begriff der Rechtfertigung ersetzen soll. Die Kernthese lautet:

> (WPF) Die Meinung einer Person a, dass p, kann als gewährleistet („warrant") basal gelten, wenn der Erkenntnisapparat einer Person a entsprechend einem bestimmten Design-Plan in der angemessenen Umgebung korrekt funktioniert („proper function").[62]

Die in (WPF) formulierte Einsicht lässt sich auf vielen Feldern durchspielen: Unsere Sinneswahrnehmung, unser Heranziehen von Erinnerungen, die Glaubwürdigkeit von Zeugenaussagen, die Verallgemeinerung von Einzelerfahrung – all das ist verlässlich, wenn wir sichergestellt haben, dass keine Störungsquellen vorliegen und dass wir uns in der richtigen Umgebung befinden. Aber was trägt diese Einsicht religionsphilosophisch aus? Der Sinn des von Plantinga auf den Weg gebrachten Unternehmens besteht darin, im Kontext erkenntnistheoretischer Fragestellungen nachzuweisen, dass der Glaube an Gott einen basalen Status beanspruchen kann und somit „properly basic" ist, so dass alle von außen kommenden Angriffe auf den Theismus, die um den Vorwurf seiner erkenntnistheoretisch minderen Qualität gruppierbar sind, gegenstandslos werden. „Properly basic" – das heißt auch, dass die zentralen theistischen Sätze nicht aus anderen Sätzen abgeleitet sind, sondern nichtableitbare Grund-Sätze darstellen. Welche gehören dazu? Die Rede von der Existenz Gottes scheint für Plantinga kein derartiger Satz zu sein. Er denkt eher an Sätze wie „Gott spricht zu mir", „Gott hat dies alles erschaffen" u. ä. Das wird einsichtig, wenn man – so Plantinga – den warrant-justierten Erkenntnisapparat mit der Sinneswahrnehmung vergleicht: Wir sehen z. B. grüne Bäume auf einer Wiese. Wir sehen sozusagen nicht die Existenz dieser Bäume, sondern Gegenstände mit Eigenschaften. Dass Bäume existieren, ist eine Folgerung aus der Tatsache, dass wir grüne Bäume auf der Wiese sehen. Im Gegensatz zu den als „properly basic" eingestuften Sätzen sind die Sätze, die im Rahmen einer so genannten natürlichen Theologie von Gott formuliert werden, nicht basal, da sie aus anderen Sätzen (etwa über die Welt etc.) abgeleitet sind.

Plantinga rundet die Reformierung von (FD) und (FD*) durch (WPF) dadurch religionsphilosophisch ab, dass er (inspiriert von Calvin) für die Rolle des für den Theismus relevanten Erkenntnisapparates einen „Sensus Divinitatis", d. h. Sinn für das Göttliche, engagiert. Dieser „Sensus Divinitatis" hat seinerseits die Produktion basaler theistischer Sätze bzw. Propositionen zu *gewährleisten*. Analog zur Sinneserfahrung und zu sonstigen Erkenntniswegen gibt es auch für den „Sensus Divinitatis" Störquellen, wie Plantinga unterstreicht: nämlich die Sünde.[63] Unter den Bedingungen der Sünde ist jedoch eine neue, erkenntnismäßig einschlägige Initiative Gottes vonnöten. Diese neue Initiative bringt einen Ersatz für den gestörten „Sensus Divinitatis" ins Spiel, einen so genannten „IIHS-Apparat" – „internal instigation of the holy spirit" –, dank dessen korrekter Funktion es möglich wird, auch Offenbarungswahrheiten (Glaube an die Inkarnation, an die Dreifaltigkeit) als „properly basic" einzustufen.

Plantingas beeindruckendes Denkgebäude ist allerdings nicht frei von einigen Schönheitsfehlern. Auf die Tatsache, dass seine Ausführungen zum „IIHS-Apparat" und zur Sünde nicht mehr Erkenntnistheorie, sondern systemimmanente Theologie sind, soll hier nicht weiter eingegangen werden. Wesentlich gravierender schlägt der Umstand zu Buche, dass Plantingas Konzept an einer Zirkelhaftigkeit leidet: Damit die Rede von einem Design-*Plan* überhaupt sinnvoll ist, muss Plantinga einen personalen Schöpfer dieses Plans voraussetzen. Doch die Annahme eines personalen Schöpfers ist keineswegs allgemein plausibel, geschweige denn gerechtfertigt. Daher muss der Erkenntnisapparat die Vorstellung von einem personalen Schöpfer erst produzieren und gewährleisten, obwohl die Wahrheit dieser Vorstellung schon vorausgesetzt ist. Der Zirkel tut sich spätestens da auf, wo Plantinga die Einrichtung des „Sensus Divinitatis" logischerweise Gott zuschreiben muss, wohingegen der „Sensus Divinitatis" erst die Apparatur bereitstellt, die theistische Sätze – wie z. B. „Gott hat den Sensus Divinitatis eingerichtet" – von basaler Geltung produziert. Hängt damit die Annahme, es gebe einen derartigen Sensus im Menschen, nicht grundsätzlich in der Luft? Könnte ich nicht mit gleichem Recht eine Halluzinationsmaschinerie im Menschen annehmen, die eine Gottesillusion hervorruft? Wie soll ich zum Wissen um die Existenz Gottes kommen, wenn ich die Existenz Gottes schon voraussetzen muss, um zum Wissen um seine Existenz zu kommen? Oder läuft Plantingas Theorie auf eine erkenntnistheoretische Selbstgenügsamkeit des Theismus hinaus? Zudem zieht sich Plantinga im Rahmen einer Auseinandersetzung mit der Religionskritik auf eine *hypothetische* Argumentation zurück: Wenn der Glaube an Gott wahr ist, dann ist er auch gewährleistet, d. h. dann hat er „warrant". Wenn er nicht wahr ist, dann ist er auch nicht gewährleistet.[64] Aber was heißt das? Kann man denn unabhängig von der Gewährleistung nach der Wahrheit eines Satzes fragen? Brauche ich nicht, um die Wahrheit eines Satzes zu beurteilen, wiederum einen höherstufigen funktionierenden Erkenntnisapparat, der mir seinerseits die Gewähr für ein ordentlich gefälltes Urteil über Wahrheit oder Falschheit des besagten Satzes liefert? Es scheint so, als ob hier ein weiterer Zirkel vorliegt.[65] Ein möglicher Ausweg würde sich vielleicht dadurch eröffnen, dass man die Warrant-Konzeption an den von Charles S. Peirce geprägten Instinkt-Begriff anlehnt und eben diesen Instinkt für jene Instanz hält, die anstelle eines „Sensus Divinitatis" für die Produktion theistischer Sätze verantwortlich zeichnet. Da der Instinkt aber nicht unbedingt schon etwas mit Rechtfertigung zu tun hat, kann man bei dem, was der Instinkt hervorbringt, nicht schon von gewährleisteten, sondern allenfalls von nachvollziehbaren Propositionen sprechen. Ein anderer Ausweg tut sich vielleicht auf, wenn man der Frage nachgeht, ob es im Menschen wirklich einen eigenen Erkenntnisapparat gibt, der für die Gotteserkenntnis zuständig ist. Ist es nicht eher so, dass das, was wir Gotteserfahrung nennen, aus einem Ineinanderschwingen verschiedener geistiger Kräfte (erinnern wir uns an Peirce' Begriff des „musement") entspringt, keinen eigenen Erkenntnisapparat hat, sondern ein Resultat aus dem Zusammenklang anderer Erkenntnisapparate ist? Die Annahme solcher Erkenntnisapparate (z. B. für sinnliche Wahrnehmung oder für die Leistung unseres Gedächtnisses etc.) ist weitaus unproblematischer als der Ansatz eines „Sensus Divinitatis".

2.3.6 Eine andere Form von Externalismus: Grammatische Sätze und Weltbilder

Wenn sich ein externalistischer Foundationalism als schwer gangbarer Weg erweist, so bleibt unserem erkenntnistheoretischen Quadrat zufolge nur noch eine weitere Abzweigung, der wir folgen könnten. Diese vierte Alternative liefert uns die Kritik an der modernen Erkenntnistheorie im Spätwerk Ludwig Wittgensteins, wie sie vor allem der Walisische Religionsphilosoph Dewi Z. Phillips herausgearbeitet hat.

Wittgensteins wichtigste Entdeckung betrifft die Art und den Status so genannter basaler Wahrheiten. Darunter versteht Wittgenstein Sätze, die dem ersten Anschein nach vom Selbstverständlichen handeln (wie etwa „Mein Körper ist nie verschwunden und nach einiger Zeit wieder aufgetaucht")[66]. Ist auf Sätze, die solche basalen Wahrheiten ausdrücken, der Apparat epistemischer Ausdrücke wie „glauben" und „wissen" anwendbar? Oder ist nicht vielmehr die Anwendung dieser Begriffe sinnlos, weil es in diesen Sätzen nicht um überprüfbare Erfahrungen geht, sondern um die Art und Weise, wie wir die Welt sehen und wie wir ein grundsätzliches semantisches Regelsystem, das in unserer Sprache am Werk ist, artikulieren?[67] Sätze dieser Art sind für Wittgenstein so genannte *grammatische Sätze* oder *Angelsätze*: Sie geben keine Erfahrung im empirischen Sinne wieder, sondern formulieren Sprachregeln, das Regelwerk eines Systems also, aus dem sich unser Weltbild aufbaut. Grammatische Sätze bzw. Angelsätze können im strengen Sinne nicht überprüft oder gerechtfertigt werden, weil sie nicht an der Wirklichkeit Maß nehmen, sondern weil die sprachliche Darstellung von Wirklichkeit an ihnen Maß nimmt. Sie sind die Formen, mit deren Hilfe wir die Wirklichkeit darstellen, und sie sind Regeln, durch die wir in die Lage versetzt werden, unsere Ausdrücke korrekt zu gebrauchen und ihre Anwendung zu verstehen. Ihre Bedeutung erlangen diese ein Weltbild formenden grammatischen Sätze bzw. Angelsätze dadurch, dass sie in einer bestimmten Kultur und Lebensweise der Menschen, in einer Lebensform verwurzelt sind. Rechtfertigungen können daher immer innerhalb eines (von einer bestimmten Grammatik regulierten) Weltbildes verlangt und geleistet werden. Kriterium für ihre Legitimität und ihre Leistung ist eine kulturprägende Praxis der Menschen. Der Kerngedanke dieser Auffassung ließe sich etwa so schematisieren:

(GR) Grundlegende theistische Sätze sind so genannte grammatische Sätze bzw. Angelsätze, die im Gewand einer Aussage ein Weltbild ausdrücken, nicht aber ein Bild von der Welt zeichnen wollen. Sie sind eingebettet in eine bestimmte Lebensform und können nur auf dieser Grundlage verstanden und beurteilt werden.

Grammatische Sätze oder Angelsätze sind die Pfeiler eines Weltbildes. Es ist die Eigenart dieser Sätze, dass sie nicht wie

andere Sätze bewahrheitet werden können, sondern dass sie
als Grundlagen einer bestimmten sprachlichen *Praxis* allenfalls unbrauchbar werden, wenn das mit ihnen zusammenhängende Weltbild untergeht. Es handelt sich bei solchen
Sätzen um die Grundlage, damit die im Wissen begriffene
Kunstfertigkeit überhaupt arbeiten kann.[68] Diese Sätze sind
zudem eingebettet in eine bestimmte Lebensform. In ihr gewinnen auch die grundlegenden theistischen Sätze Kontur.
Das Problem der Rechtfertigung ist mit (GR) nicht gelöst,
sondern gewissermaßen beseitigt: Grammatische Sätze oder
Angelsätze als basale Sätze sind Ausdruck unseres Selbstver-
ständnisses, d. h. sie liegen allen Rechtfertigungsversuchen
voraus. Hier nach Begründungen fragen zu wollen, wäre
sinnlos, weil ich als Mensch immer ein Weltbild voraussetzen muss, um überhaupt den Versuch einer Rechtfertigung
wagen zu können. Wenn es Rechtfertigungsmöglichkeiten
im engen Sinne gibt, dann nur für die Sätze, die nicht die
Pfeiler unseres Weltbildes bilden, und nur in der Weise, die
uns die mit dem Weltbild verbundene Diskurs-Kultur vor-
gibt. Wenn wir die ein Weltbild formende Grammatik als
System verstehen und die Einwurzelung in einer Kultur,
Lebensform und Praxis als externe Faktoren betrachten, die
diesem System einen Sinn und eine Anwendung verleihen,
dann ließe sich das aus den Hinweisen Wittgensteins extra-
polierte Modell als externalistischer Kohärentismus verstehen. Für das genannte System lässt sich im Hinblick auf die
Aufgabe der Rechtfertigung mit Wittgenstein sagen:

> „Alle Prüfung, alles Bekräftigen und Entkräften einer An-
> nahme geschieht schon innerhalb eines Systems. Und zwar
> ist dies System nicht ein mehr oder weniger willkürlicher und
> zweifelhafter Anfangspunkt aller unsrer Argumente, sondern
> es gehört zum Wesen dessen, was wir ein Argument nennen.
> Das System ist nicht so sehr der Ausgangspunkt, als das
> Lebenselement der Argumente."[69]

Das führt uns zurück zu dem von Wittgenstein stammenden sozusagen „technischen" Wissensbegriff. Wissen ist eine

Kunstfertigkeit. Daher kann der Ausdruck „Wissen" nur relativ zu einem Kontext sicher und klar verwendet werden. Das Weltbild sagt uns gewissermaßen, wie die Objekte unserer Erkenntnis beschaffen sind und welcher Maßstab von Wissen – genauer: von Rechtfertigung – für welche Erkenntnissituation Anwendung finden kann. Die Praxis, d. h. die Einbettung des Wissensbegriffes in bestimmte Lebensformen und Handlungsweisen der Menschen sagt uns, wie die Standards aussehen: „Mein Leben zeigt, daß ich weiß oder sicher bin, daß dort ein Sessel steht, eine Tür ist usf. Ich sage meinem Freunde z. B. »Nimm den Sessel dort«, »Mach die Tür zu«, etc., etc."[70]

2.4 An den Grenzen des Wissens: Überzeugungen

Die bisher gestellten Fragen kreisten um den Begriff des Wissens und die damit gegebenen Standards. Blickt man kurz zurück, so kann man den Eindruck gewinnen, dass alle Versuche, die Architektur des Wissensbegriffes umzubauen, dazu dienen sollen, die Menge der Annahmen zu vergrößern, auf die wir das Etikett „Wissen" aufkleben dürfen. Der *internalistische Foundationalism* lässt uns ja mit dem schwer zu leugnenden Gefühl zurück, dass wir in vielen Fällen, wo wir eigentlich von Wissen sprechen würden, gar nicht von Wissen sprechen dürfen, weil die strengen Kriterien nicht erfüllt sind. Im *internalistischen Foundationalism* ist die Menge der gewussten Sätze erheblich kleiner als die Menge der geglaubten Sätze, auch wenn er alles Erkenntnismögliche daransetzt, um durch einen Erkenntnisfortschritt irgendwann ein anderes Verhältnis zu erreichen.

Aus der Tatsache, dass diese Beschränkung in großem Umfang mit unseren alltäglichen Intuitionen bricht, entwickeln der *internalistische Kohärentismus*, der *externalistische Foundationalism* und der *externalistische Kohärentis-*

mus eine jeweils andere Sicht der Dinge. Gerade Plantingas Modell erweckt den Eindruck, als wolle es mit allen zur Verfügung stehenden Mitteln die Menge der gesicherten Sätze vergrößern. Der Ausdruck „gesichert" verrät nun aber, dass es sich bei den so eingestuften Annahmen bzw. Sätzen um einen Ersatzspieler für Wissen handelt vor dem Hintergrund der Einsicht, dass eine glückliche Definition von Wissen außerordentlich schwierig ist. Aber bei genauerer Betrachtung lässt sich nicht leugnen, dass die Strategien vor allem des *externalistischen* Foundationalism darauf hinauslaufen, die gesicherten – genauer: die gewährleisteten, „warranted" – Annahmen bzw. Sätze als Wissen *behandeln* zu *wollen*[71], sozusagen als Quasi-Wissen. Der Ausdruck „Quasi-Wissen" soll eine Verneigung vor den strengen Kriterien des *internalistischen* Foundationalism darstellen und will die Frage offen lassen, ob die Sätze bzw. Propositionen, die der *externalistische* Foundationalism durch seine Kriterien als gewährleistet ausweisen will, wirklich *Wissen* sind. Aus der Sicht des *internalistischen* Foundationalism sind diejenigen Sätze, die über „warrant" verfügen, ebenso wenig Wissen wie Falschgeld Geld ist.

2.4.1 Zur Eigenart von Überzeugungen

Aber – ob nun Wissen oder Quasi-Wissen, das mag dahingestellt bleiben – warum sollten wir eigentlich alles daran setzen, die Menge der gewussten bzw. quasi-gewussten Sätze zu vergrößern? Könnte es nicht gerade auch eine ganz andere Strategie sein, das, was im Glaubensbegriff an Potenzial bereit liegt, auch für die Erkenntnistheorie zu heben? Die folgenden Überlegungen wollen ein begriffliches Angebot formulieren – und zwar mit dem Begriff der Überzeugung. Ausgangspunkt ist die Vorstellung, dass die Menge der Überzeugungen die Menge der gewussten Sätze sozusagen umgibt, dass ein Wissen – verstanden vom Wissen-wie her – ohne die Grundlage von Überzeugungen gar nicht erworben oder „praktiziert" werden kann, wenn es nicht schon Überzeugungen gibt, die uns dieses Wie verraten und die Standards von Erkenntnis und Wissensgewinn benennen. Denn wie man zu Wissen kommt und was Wissen ausmacht, sagt uns nicht der Ausdruck „Wissen" selbst – wie der Blick auf die vorausgehend erörterten Strategien deutlich gemacht hat –, sondern liegt als Konsequenz aus einem Set von *Überzeugungen* in uns und unserer Kultur vor.

Die Eigenart von Überzeugungen im Gefüge von Glauben und Wissen ist von zwei Seiten her eingehender zu beleuchten – logischerweise erstens von der Seite der Person, die Überzeugungen hat, und zweitens von der Eigenart der Sachverhalte, auf die sich Überzeugungen *bevorzugt* beziehen. Nehmen wir ein einfaches Beispiel der Alltagssprache:

(i) „Edmund ist davon überzeugt, dass das Parteiprogramm der Partei XYZ alle relevanten Antworten auf die drängenden Zukunftsfragen der Gesellschaft und des Staates enthält."

Für die Person unseres Beispielsatzes spielt die in Rede stehende Überzeugung nicht nur eine theoretische Rolle, sondern hat Konsequenzen gerade auch im Blick auf ihr Handeln. Dieser Umstand weist zurück auf die Tatsache, dass mit dem Überzeugungsbegriff auch Bewertungen verbunden sind.

Aber Überzeugungen sind nicht nur aufs engste mit Wertungen und Präferenzen verwoben, sondern bilden selbst den Grund auf dem die Person steht, um Wertungen formulieren oder Präferenzen diskursiv erläutern zu können. Das zeigt in etwa der folgende Beispielsatz:

(ii) „Martin hat darauf gepocht, dass er nicht gegen seine Überzeugungen handeln kann."

Gerade dieser Horizont der Wertungen zeigt schon an, dass die Sachverhalte, die im Fokus des Überzeugungsbegriffes stehen, eine besondere Eigenart aufweisen: Sie mögen zwar in den Rahmen der theoretischen Vernunft gehören, erhalten aber durch den Überzeugungsbegriff eine Relevanz auch für die praktische Vernunft im Sinne einer Bestimmungs*basis* für das sittliche Urteilen und für die Orientierung des Handelns. Das wird aus dem dritten Beispielsatz deutlich:

> (iii) „Joschka ist davon überzeugt, dass nur eine demokratische Gesellschaftsordnung die Menschenrechte garantieren kann."

Überzeugungen gehören also in den Bereich dessen, was man mit Immanuel Kant († 1804) die *Urteilskraft* nennen muss, weil sie eine Verbindung zwischen theoretischer und praktischer Vernunft herstellen. Erkennen und Tun sind hier ineinander verschränkt. Beispielsatz (iii) verweist aber auf eine weitere Eigenart: Die im Fokus von Überzeugungen stehenden Sachverhalte fügen sich vor dem Hintergrund der notwendig zu denkenden Einheit unseres Handelns und der Kohärenz unserer Handlungsorientierung zu einem Ganzen, das man sinnvollerweise in den Begriff des Weltbildes fassen sollte. Dieses Weltbild drückt sich in einem System und Netz von Überzeugungen aus, in welchem Theoretisches und Praktisches miteinander verbunden wird. Angesichts dieses Geflechts von Überzeugungen ist es schwierig, eine einzelne als solche aus der Verbindung der anderen Überzeugungen herausbrechen zu wollen. Aber dieses System ist eine enorm wichtige Grundlage für mein Urteilen und Erwägen, mein Abschätzen und Begründen. So schreibt Wittgenstein:

> „Könnte ich nicht glauben, daß ich einmal, ohne es zu wissen, etwa im bewußtlosen Zustand, weit von der Erde entfernt war, ja, daß Andre dies wissen, es mir aber nicht sagen? Aber dies würde gar nicht zu meinen übrigen Überzeugun-

gen passen. Nicht, als ob ich das System dieser Überzeugungen beschreiben könnte. Aber meine Überzeugungen bilden ein System, ein Gebäude."[72]

Weil Überzeugungen die Grundlage für Wertungen bilden und handlungsleitend wirken, formen sie auch die Identität einer Person, die jene Überzeugungen hat. Und Überzeugungen sind intersubjektiv „vermittelt", insofern sie von uns Menschen im Miteinander – also vor allem anhand des Beispieles, das uns andere Menschen geben – erlernt werden und (was wichtiger ist) insofern nicht nur eine Einzelperson, sondern auch eine Gemeinschaft Trägerin von Überzeugungen sein kann.

Betrachten wir aber noch zwei weitere Beispielsätze:

(iv) „Angela ist davon überzeugt, dass Helmut immer die Wahrheit sagt."

(v) „Norbert ist davon überzeugt, dass der Generationenvertrag das Rückgrat einer gerechten Gesellschaft bildet."

Satz (iv) belegt, dass sich Überzeugungen auf Gegebenheiten beziehen können, die sich nicht im geradlinigen Sinne beweisen lassen. Ein starkes Vertrauensmoment schwingt hier mit, das einen geradezu umfassenden Charakter hat: Angela vertraut Helmut. Das prägt ihre Sicht auf Helmut grundlegend und ist sogar ein Baustein ihres Weltbildes. Zudem enthält die in (iv) formulierte Überzeugung durch die Verwendung von „immer" eine futurische Komponente, die ihrerseits jedoch eine simple Bewahrheitung der Überzeugung verhindert. Angela legt ihre Hand für einen Sachverhalt „ins Feuer", obwohl sie im Bezug auf die in der Zukunft liegenden Teile dieses Sachverhalts keinen Überblick hat und nicht haben kann.

Zur Eigenart von Überzeugungen gehört nicht nur, dass sie oftmals eine Zukunftsdimension besitzen, die es schwierig macht, die im Fokus des Überzeugungsbegriffes stehenden Sachverhalte zu bewahrheiten, sondern auch, dass sich Überzeugungen prinzipiell den herkömmlichen Wegen von Bewahrheitung entziehen, weil sie die Grundlage unserer Urteile sind. Das macht der Satz (v) noch einmal sehr klar: Norbert wird seine sozialpolitischen Optionen der entsprechenden Überzeugung gemäß gestalten. Was in (v) geäußert wurde, bildet die Grundlage seines politischen Urteilens, die Grundlage für die Einschätzung und Verortung anderer Sachverhalte. Kann man aber sagen, dass Norbert das, was in Satz (v) geäußert wurde, auch weiß? Um diese Frage zu bejahen, müssten wir sagen können, auf welchem Weg eine Bewahrheitung oder Rechtfertigung der in Rede stehenden Überzeugung möglich ist. Und das stellt uns vor große Schwierigkeiten: Es ist nicht allein die Zukunftskomponente, sondern auch die Tatsache, dass die in Rede stehende Überzeugung in einer engen Vernetzung mit anderen Überzeugungen steht. Je mehr Überzeugungen den weltbildformenden Hintergrund bilden, desto schwieriger ist die Auskunft über die Möglichkeiten ihrer Bewahrheitung, desto unbrauchbarer wird auch der Werkzeugkasten, den wir benutzen können, um Glaubens-Sätze in Wissens-Sätze zu verwandeln. Das mag der folgende Satz verdeutlichen:

(vi) „Thomas ist überzeugt, dass es eine göttliche Vorsehung gibt."

Überzeugungen von der Art, wie sie in (vi) formuliert wurden sind so grundsätzlich, dass sie gewissermaßen die Leinwand darstellen, auf der wir unser Weltbild malen und auf der wir unser Wissen einzeichnen. Ludwig Wittgenstein hat dies in ein anderes, vielleicht noch griffigeres Bild zu bringen vermocht:

„Man könnte sich vorstellen, daß gewisse Sätze von der Form der Erfahrungssätze erstarrt wären und als Leitung für die nicht erstarrten, flüssigen Erfahrungssätze funktionieren; und daß sich dies Verhältnis mit der Zeit änderte, indem flüssige Sätze erstarrten und feste flüssig würden."[73]

Vereinfachend gesprochen: Es gibt in unserer Sprache Fluss-bettsätze und Flusssätze. Flussbettsätze regulieren unsere sprachliche Praxis und damit auch die Handwerkskunst des Wissens. Während an Flusssätzen die Werkzeuge des Wissensbegriffes greifen können, gelingt dies bei Flussbettsätzen nicht. Denn sie sind Voraussetzungen und Grundlagen dafür, dass Ausdrücke wie „Wissen" sinnvoll mit Sätzen verkoppelt werden können. Sie sind basal – jedoch nicht im Sinne des internalistischen Foundationalism. Denn sie können für ihren basalen Status nicht selbst sorgen. Das tut eine sich über die Zeit und Geschichte hin erstreckende menschliche Sprach- und Erkenntnispraxis, deren Regeln in einer bestimmten Kultur gelebt werden und die man als Grammatik verstehen kann. Nun deutet Wittgenstein auch an, dass das Verhältnis von Flussbett und Fluss keineswegs starr ist. Durch die Zeit hindurch kann sich unsere Kultur ändern und damit auch der Status bestimmter Sätze.

Das Bild vom Flussbett kann uns aber auch schon verdeutlichen, warum Überzeugungen (sie sind jene Steine, die das Flussbett bilden) mehr sind als nur Annahmen oder Glaubenssätze in einem landläufigen, weiten Sinne. Sie mögen mit Glaubenssätzen verwandt erscheinen, weil sie sich nicht in einem unmittelbaren Sinne bewahrheiten lassen. Aber weil sie dem Spiel des Wissens voraus- und zu Grunde liegen, sind sie auch nicht Glaube in dem Sinne, der sagt, dass Glaube der Gegensatz von Wissen ist. Ihnen liegen fundamentale Einstellungen zugrunde, die – wie gesagt – unsere Sprachpraxis und darin unser Verhalten in der Welt und unseren Umgang miteinander regulieren. Ein zunächst merkwürdig erscheinender Aphorismus Wittgensteins – formuliert im Rahmen seiner Philosophie des Geistes – könnte hier erhellend sein: „[…] Meine Einstellung zu ihm ist eine Einstellung zur Seele. Ich habe nicht die *Meinung*, daß er eine Seele hat."[74] Der Anspruch auf Bewahrheitung der Frage, ob ein Mensch eine Seele hat, ist unter den Bedingungen eines strengen Wissensbegriffes vielleicht aussichtslos – oder aber eine nicht korrekt durchdachte Anforderung. Denn die Rede von einer Seele ist eigentlich ein Flussbettsatz. In diesem Bett fließen viele Sätze, mit denen ich andere Menschen als rationale, empfindsame Wesen beschreibe. Getragen sind solche Beschreibungen von meiner Einstellung bzw. meinem Weltbild: Ich *behandle* den anderen Menschen als empfindsames, rationales Wesen. Ich stelle keine Behauptung auf, die ich bewiesen haben möchte. Würde mir jemand sagen, dass ich nicht wissen kann, ob mir mit einem anderen Menschen vielleicht ein geschickter Automat begegnet, dann würde ich diesen Menschen als jemand betrachten, der nicht mehr mein Weltbild hat.

2.4.2 Religiöse Überzeugungen und die Architektur des Glaubens

Gesteht man dem Überzeugungsbegriff eine andere Bedeutung zu als dem Begriff des Glaubens, so lässt sich Wittgensteins Einsicht auch so zur Geltung bringen: Bestimmte Einstellungen sind so grundlegend, dass sie sich dem Spiel des einfachen Bewahrheitens durch Herbeiziehung von Erfahrungsdaten entziehen. Vielmehr geben sie sich – vergleichbar den Idealen der theoretischen Vernunft bei Kant, die gewissermaßen *notwendige Abschlussgedanken der Vernunft* thematisieren – selbst Regeln dafür an, wie bestimmte Sätze so mit Erfahrungen korreliert werden können, dass man ein Spiel des Bewahrheitens sinnvoll ausführen kann, das auf die Anwendbarkeit des Ausdrucks „Wissen" führt.

Überzeugungen sind dem Glauben *ähnlich*, weil sie ihre Kraft nicht dadurch entfalten, dass sie auf die Feststellung des Bestehens jenes Sachverhaltes, der im Fokus des Ausdrucks „Überzeugung" steht, angewiesen sind. Überzeugungen prägen Einstellungen, bilden die Grundlagen unseres Urteilens und enthalten den Rahmen unseres Erfahrens. Überzeugungen weisen aber auch eine interessante Ähnlichkeit mit dem Wissensbegriff insofern auf, als ihnen eine Gewissheit anhaftet, die sich darin zeigt, dass eine Person *a* an den in Rede stehenden Sachverhalten festhalten wird und die Geltung der diese Sachverhalte ausdrückenden Aussagen nicht ohne weiteres zur Disposition stellen *kann*, ohne dadurch ebenso ihre Identität wie ihr Weltbild zur Disposition zu stellen. Diese Ähnlichkeit mit dem Wissensbegriff kann vielleicht erklären, warum mancher Philosoph zumindest so etwas wie Quasi-Wissen gerade für Flussbettsätze in Anspruch nehmen möchte. Aber Überzeugungen gehen weder in Glauben noch in Wissen auf: Sie haben – wie angedeutet wurde – spezifische Charakteristika.

Aus den oben genannten Beispielsätzen lässt sich in inhaltlicher Hinsicht erschließen, dass es ganz bestimmte Propositionen gibt, die in bevorzugter Weise im Bezugsbereich von Überzeugungen liegen. Das lässt sich alltagssprachlich daran festmachen, dass wir es für überzogen oder zumindest übertrieben hielten, wollte jemand jene Sätze, die normalerweise – sofern sie eben nicht im Fokus des Wissens stehen – im Bezugsbereich des Fürwahrhaltens liegen, grundsätzlich als Überzeugungen formulieren. Bezeichnend dürfte sein, dass die jene Überzeugung äußernde Person für den in Rede stehenden Sachverhalt gleichsam „den Kopf hinhält". Dieses Pathos ist nicht überall notwendig, aber bisweilen unausweichlich, wenn wir an die Verbindungslinien denken, die zwischen Überzeugungen einerseits und der Identität der betreffenden Person bzw. der Konsistenz ihres Weltbildes andererseits bestehen. Kann es dann sein, dass Überzeugungen der exzellente „Modus" sind, in dem sich das Verhältnis einer Person zu sich selbst und zu ihrem Weltbild artikuliert?

Nun ist an dieser Stelle aber auch eine Auskunft darüber zu geben, warum an bestimmten Punkten unseres „bewussten Lebens" Überzeugungen unumgänglich sind und warum an eben diesen Stellen nicht vorschnell und leichtfertig von Wissen gesprochen werden kann bzw. warum an eben diesen Stellen das herkömmliche Spiel des Bewahrheitens – das auf der Verlässlichkeit von Erfahrung(en) aufruht – nicht greift. Wie kommt es, dass wir hinter das in Überzeugungen manifeste Weltbild nicht rechtfertigend zurückblicken können? Als Verständigungshilfe seien zwei zentrale Motive Kants herangezogen: In den Idealen der reinen Vernunft treffen wir auf Denkformen, deren Referenzialität ebenso problematisch wie *postulatorisch* notwendig ist. Kant spricht von der Idee des „Ich", der Idee der „Welt" und der Idee „Gottes".[75] In diesen Idealen verbergen sich prägende Einstellungen unseres bewussten Lebens: So z. B. der Gedanke, dass ich mit mir identisch bin, dass sich diese Identität als stabiler Bezugspunkt durch die Zeit durchhält und mich zum Souverän meines Handelns, Denkens und Erkennens macht, obwohl ich diesen Bezugspunkt nicht zum Gegenstand meiner Erfahrung machen kann. Oder der Gedanke, dass die Welt ein geordnetes, abgeschlossenes Ganzes bildet, in dem Dinge und Ereignisse in einer gesetzmäßigen Ordnung untereinander verfugt sind. Und schließlich, dass Ich und Welt als Endliches und Bedingtes im Unendlichen (in Gott) gründen und ihre Einheit von diesem Grund her empfangen. Diese Gedanken sind nicht Resultat oder Produkt von Erfahrungen, sondern sind die äußersten Grenzen unseres Flussbetts, in dem unsere Erfahrung fließen kann. Aufgrund ihres Status entziehen sie sich im strengen Sinne einem landläufigen Erkenntnis- oder Wissensbegriff. Aber ohne sie würde unser Denken buchstäblich in eine Partikularität zerbröseln. Diese Ideale der Vernunft sind formal um der Einheit unseres Denkens willen notwendig. Material drücken sie sich *in* unseren Überzeugungen und *als* Überzeugungen aus.

Mit der Rede von den Idealen der Vernunft sind Instanzen genannt, die sich als solche den Wissenswerkzeugen entziehen und doch immer fixe Bezugspunkte unseres bewussten Lebens bilden. Im Gefüge dieser wissensentzogenen Ideale und der notwendigen Bezugspunkte hat auch das Religiöse seinen Ort. Es entspringt dem Versuch, Ich- und Weltkonzept miteinander zu vermitteln. Im Denken des Unbedingten entdeckt das menschliche Subjekt das für es typische Oszillieren zwischen freiem Selbststand einerseits und radikalem Verdanktsein andererseits. Die Phänomene des Religiösen entspringen aus den verschiedenen Weisen, wie das menschliche Subjekt sich zum Unbedingten in ein konkretes Verhältnis setzt und wie in dieses Verhältnis die Welt als eine Gesamtheit ermöglichter Gegenstände eintritt. In die Dynamik bewussten Lebens hinein ragt diese Verhältnissetzung zum Unbedingten gerade in der Form religiöser Überzeugungen, die wie eine Kuppel unsere anderen, die Weltlichkeit der Welt, die Eigenart der Gegenstandsbevölkerung der Welt, das Bild von uns selbst und die Leitsterne unseres Handelns artikulierenden Überzeugungen überwölben, zusammenhalten und im Einheitspunkt spiegeln. En passant haben die skizzierten Überlegungen auch dargelegt, was religiöse Überzeugungen sind: Es handelt sich um Überzeugungen, die – nicht unbedingt als Einzelne, sondern in einer systematisch vernetzten Ganzheit – auf eine letzte Einheit ausgreifen, in der die Rede von Ich und von Welt in eine Vermittlung miteinander geführt werden können, weil mit der Bezugnahme auf Gott von einem Grund die Rede ist, der Ich und Welt trägt, aus sich entlässt und aufeinander bezieht.

Kants Ideen der reinen Vernunft sind also wie ein Themenkatalog grundlegender Überzeugungen zu lesen, wie die Angabe elementarer statischer Gesetze für den Bau eines Weltbildes. Die konkrete Ausgestaltung dieses Kataloges bzw. die zeichnerische Gestaltung des Planes ist jedoch Sache einer Kultur und Lebenspraxis. Als menschliche Individuen entwerfen wir das nicht am grünen Tisch, sondern erlernen und leben wir die Abschlussgedanken und Fixpunkte unseres bewussten Lebens *als* Überzeugungen, die uns formen. Was heißt das für die Einschätzung des religiösen Glaubens? Die Antwort ist einfach: Religiöser Glaube ist – aus dieser sehr abstrakten Warte heraus – so grundlegend, wie die von Kant formulierten Ideen der Vernunft grundlegend sind, sobald man im religiösen Glauben das am Werk sieht, was wir *Überzeugung* genannt haben. Damit unterscheidet er sich massiv vom herkömmlichen Glauben (wie z. B.: „Ich glaube, dass es morgen schneit"). Aber man kann den so konturierten religiösen Glauben auch nicht als Wissen bezeichnen, weil die Rechtfertigungswerkzeuge, die wir sonst für Wissen haben und brauchen, hier nicht greifen. Doch in dieser Hinsicht ist der religiöse Glaube nicht allein, sondern teilt dieses eigenartige Los mit all jenen Sätzen, die von den grundlegenden Bauprinzipien unseres Weltbildes handeln.

2.5 Religiöser Glaube und Glaubensgewissheit

Es ist uns nicht gelungen eine restlos klare Definition von Wissen vorzulegen. Vielleicht kann man mit Franz von Kutschera[76] festhalten, dass zu seiner Minimalbestimmung auf jeden Fall „wahrer Glaube" gehört. Dass das nicht ausreicht, wurde an anderer Stelle schon sehr deutlich. Aber wie man die Definition verbessern könnte, ohne erneut in Schwierigkeiten zu geraten, blieb ziemlich rätselhaft. Von Wittgenstein her ließ sich der Gedanke der Kontextrelativität einer dritten, stützenden Säule für Wissen übernehmen. Was unter „Rechtfertigung" zu verstehen ist, hängt dann wesentlich von der Art des zu wissenden Gegenstandes bzw. Sachverhaltes ab. Die Bezugnahme auf den Kontext greift zugleich *externalistische* Intuitionen auf und verbindet sie mit dem Konzept eines zusätzlich im Hintergrund liegenden *Systems*, das wir Weltbild genannt haben. Nun hat sich in den vorausgehenden Überlegungen schon andeutungsweise gezeigt, dass das Weltbild seinerseits nicht auf Wissen aufruht, sondern auf Grundeinstellungen, die dem Glauben nicht unähnlich sind, obwohl sie aufgrund ihrer Grundsätzlichkeit und ihrer Stärke über herkömmliche Glaubenssätze der Alltagssprache hinausgehen. Solche, ein Weltbild formierende Überzeugungen sind sozusagen ein Quasi-Apriori unserer Kommunikation, Selbstbeschreibung und Welterschließung, d. h. voraussetzungslose Voraussetzungen unserer sprachlichen Aktionen und Transaktionen, unseres Erkennens und Interesses. Obwohl sie die Aufgabe voraussetzungsloser Voraussetzungen erfüllen müssen, ruhen Überzeugungen nicht auf einem absolut sicheren Punkt auf. Sie sind – mit Wittgenstein gesprochen – als Einstellungen unserer Sprachpraxis innewohnend. Aber sie können sich durch geschichtliche und kulturelle Verschiebungen ändern. Dieses Phänomen der Veränderung und Verschiebung ist mit dem Problem der Vielfalt von Weltbildern verknüpft, was seinerseits die grundsätzliche Frage nach einer rationalen Verantwortung für Überzeugungen aufwirft.

2.5.1 Was heißt „Gewissheit"?

Zunächst aber sind die Konsequenzen zu überlegen, die sich daraus ergeben, dass wir den religiösen Glauben in einen engen Zusammenhang mit Überzeugungen gebracht haben. Ein Konnex ließe sich etwa folgendermaßen formulieren:

(RG) Wenn eine Person a im religiösen Sinne glaubt, dann verfügt sie über eine Menge von Überzeugungen C_1 bis C_n, die religiöse Gehalte thematisieren und so ein religiöses Weltbild formieren und regulieren.

Solche Überzeugungen können vielfältig sein – für den christlichen Theismus beispielsweise werden die zentralen Sprachregeln, die im Glaubensbekenntnis niedergelegt und ausgestaltet sind, dazugehören. Sind diese spezifisch religiösen Überzeugungen nun Wissen oder nicht? Aus den oben formulierten Überlegungen hat sich schon ergeben, dass Überzeugungen *nicht* den Status von Wissen haben, aber dennoch über eine Festigkeit verfügen, die notwendig ist, um ein Weltbild zu tragen. Diese Art von Festigkeit lässt sich auch in den klassischen Begriff der „Gewissheit" kleiden.

Traditionell wurde mit dem Gewissheitsaspekt ein Versuch der Bestimmung von Wissen verbunden. Aber auch diese Bestimmung hat ihre Tücken. Denn aus der Tatsache, dass einer Person a eine Proposition p gewiss erscheint, folgt nur dann, dass die Person a die Proposition p weiß, wenn a sich unter keinen Umständen irren kann bzw. wenn der in Rede stehende Sachverhalt besteht, sobald sich eine Person a seiner gewiss ist.[77] Solche Bestimmungen gelten – bei genauerer Hinsicht – womöglich nur für Gott selbst. Aber unter menschlich-irdischen Bedingungen lässt sich ein derart eng mit dem Wissen verklammerter Begriff der Gewissheit kaum vertreten. Ein Beispiel (sein Grundgedanke stammt von Hilary Putnam, wird hier aber leicht abgewandelt) mag das verdeutlichen: Stellen wir uns vor, ich wäre von einem perfiden Wissenschaftler manipuliert worden. Stellen wir uns weiter vor, er habe mein Gehirn aus meinem Körper entfernt, habe es in einen Nährlösungstank gesteckt und durch eine Reihe Apparaturen mit einem Computer verbunden, so dass es möglich ist, dass dieser Wissenschaftler mir durch elektronische Stimulierung bestimmter Hirnregionen vorgaukelt, ich befände mich beispielsweise auf dem Münchner Oktoberfest bei Bier, Hendl und Brezel. *Subjektiv* bin ich mir gewiss, dass ich ein kühles Bier vor mir habe; subjektiv habe ich den Geruch des Hendls in der Nase und den Geschmack der Brezel im Mund. Kann man sagen, ich weiß, dass ich auf dem Münchner Oktoberfest bei Bier, Brezel und Hendl bin? Angesichts der in unserem Beispiel geltenden Tatsache, dass ich ein manipuliertes Gehirn in einem Nährlösungstank bin, trägt meine Gewissheit *nichts* zu meinem Wissen bei, denn aus *objektiver* Perspektive ist meine Annahme falsch, da sie das Resultat einer gigantischen Täuschung ist, die durch Manipulation meiner Gehirnströme o. Ä. erzeugt wird – eine Täuschung, von der ich aber nichts weiß. Dieses Beispiel macht auch noch einmal deutlich, wie wichtig eine externalistische Betrachtung des Wissensbegriffes sein kann. Eine Warnung Wittgensteins soll hier als Leitmotiv dienen: „Ein innres Erlebnis kann es mir nicht zeigen, daß ich etwas *weiß*."[78]

Obwohl der Gewissheitsbegriff für eine genauere Kontur des Wissensbegriffes nicht das Entscheidende beiträgt, lässt er sich auf diese Weise doch in einen anderen Zusammenhang stellen. Der Schlüssel dazu liegt in einer verhaltenstheoretischen Analyse. Wie Wissen (im Sinne einer Kunstfertigkeit) so lässt sich auch das Gewiss-Sein mit Verhalten und Tätigkeiten korrelieren, so dass man sagen darf, dass das Gewiss-Sein sich im *Verhalten* eines Menschen ausdrückt.

> (GW) Wenn eine Person a sich einer Proposition p *gewiss* ist, dann wird sie die in Rede stehenden Gehalte der Proposition p *nicht* leicht *zur Disposition* stellen.

Die These (GW) spielt auf das Verhalten einer Person in einer Diskussion, einer argumentativen Auseinandersetzung oder in einer Frage-Antwort-Situation an. Solche Konstellationen sind typische „epistemische Kontexte" – also erkenntnisbezogene Situationen, insofern es in diesen Situationen ja meist um die Überprüfung bestimmter Annahmen auf Tragfähigkeit, Schlüssigkeit etc. geht. Nun kann ein solchermaßen hartnäckiges Verhalten der Person a, die die Gehalte von p nicht zur Disposition stellen will, aus drei alternativen Quellen gespeist sein: Entweder hat sich a der Geltung von p schon vergewissert, hat also Gründe beigebracht, einen Irrtum ausgeschlossen und Methoden der Überprüfung dargelegt, die für die Wahrheit von p sprechen. In diesem Fall rührt die Gewissheit aus dem Wissen um p. Man könnte hier von *objektiver* Gewissheit sprechen. Oder a geht subjektiv nicht von der Geltung von p ab. D. h.: Obwohl a sich nicht imstande sieht, Gründe beizubringen, will a nicht von der Geltung von p abweichen. Diesen Fall könnte man *subjektive* Gewissheit nennen. Eine dritte Möglichkeit schließlich bestünde darin, dass a die Autorität und Glaubwürdigkeit einer anderen Person b anerkennt, die es ihr nicht gestatten, von der Geltung von p abzugehen. Das Festhalten an p ist dann nicht bloß subjektiver Entschluss, aber auch nicht Ausfluss von Methoden und Wegen der Begründung, die auf Wissen führen, sondern liegt in der Person b als solcher begründet – in ihrer Rolle, Position und Würde, aber auch in ihrer Glaubwürdigkeit und Wahrhaftigkeit. Daher könnte man hier von *autoritativer* Gewissheit sprechen. Der genannte Unterschied lässt sich an folgender

Graphik veranschaulichen: Wir haben eine x-Achse, eine y-Achse und eine z-Achse. Das Gebilde sei dreidimensional. Die Achsen stehen für die subjektive (x), die autoritative (y) und die objektive (z) Gewissheit. Exemplarisch nehmen wir drei beliebige Annahmen α, β und γ heraus. Für sie soll gelten: a habe vor allem *subjektive* Gewissheit, b vor allem *autoritative*, und g habe dagegen starke *objektive* Gewissheit. Die Gewissheiten verhalten sich so zueinander[79]:

$$z = \frac{1}{x \cdot y}.$$

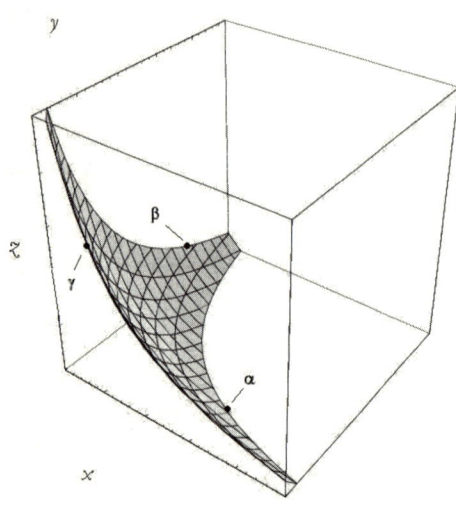

Es gehört wohl zu den erkenntnistheoretischen Utopien, alle Gewissheiten schlussendlich in objektive Gewissheit überführen zu wollen. Unser faktisches Erkenntnisleben ist von allen drei Arten von Gewissheiten durchzogen. Einen Zustand vollkommener objektiver Gewissheiten werden wir als Menschen vermutlich nicht einnehmen können. Und wenn wir das in Erinnerung rufen, was zum eigenartigen

Status von Überzeugungen und zum „abgeleiteten" Status von Wissen gesagt wurde, dann zeigt sich objektive Gewissheit noch einmal sehr deutlich als ein epistemisch-utopischer Grenzfall.

Damit tut sich eine besondere Frage in Hinsicht auf die Verortung des religiösen Glaubens auf: Wohin gehört die für den Glauben typische Gewissheit? Wäre sie eine objektive Gewissheit, dann würde der religiöse Glaube in Wissen aufgehoben. Wäre sie dagegen eine subjektive Gewissheit, dann würde dem religiösen Glauben eine eigenartige Wissens-Blindheit anhaften. Und wenn der Glaube lediglich auf autoritative Gewissheit bauen kann, dann erscheint er als etwas *von außen* Oktroyiertes.

2.5.2 Wie gewiss kann der Glaube sein?

Diese Fragen und Einschätzungen wurden im Kontext des *Ersten Vatikanischen Konzils* (1870) intensiv erörtert. Das Konzil selbst nimmt dazu Stellung und sucht einen Mittelweg zwischen Rationalismus (objektive Gewissheit) und Fideismus (bloß subjektive Gewissheit). Im Hintergrund wird das Verhältnis von Vernunft und Glaube zunächst positiv bestimmt[80], aber gleichzeitig auch begrenzt: Die Vernunft reicht nicht an die innersten Glaubensgeheimnisse heran – etwa die Dreifaltigkeit Gottes oder die Inkarnation –, daher kann es von diesen Geheimnissen, die sich dem Menschen erst kraft der Offenbarung erschließen, kein Wissen im herkömmlichen Sinne geben. Wo aber das Wissen nicht hinreicht, da kommt der Glaube ins Spiel.

ZUM VERHÄLTNIS VON GLAUBE UND WISSEN

Erstes Vatikanisches Konzil (1870)
⇒ Dogmatische Konstitution „Dei Filius" über den katholischen Glauben

(i) „Da der Mensch ganz von Gott als seinem Schöpfer und

Herrn abhängt und die geschaffene Vernunft der ungeschaffenen Wahrheit völlig unterworfen ist, sind wir gehalten, dem offenbarenden Gott im Glauben vollen Gehorsam des Verstandes und des Willens zu leisten [...]. Dieser Glaube aber, der der Anfang des menschlichen Heiles ist [...], ist nach dem Bekenntnis der katholischen Kirche eine übernatürliche Tugend, durch die wir mit Unterstützung und Hilfe der Gnade Gottes glauben, daß das von ihm Geoffenbarte wahr ist, nicht ⟨etwa⟩ wegen der vom natürlichen Licht der Vernunft durchschauten inneren Wahrheit der Dinge, sondern wegen der Autorität des offenbarenden Gottes selbst, der weder sich täuscht noch täuschen kann [...]."[81]

(ii) „Zwar erlangt die vom Glauben erleuchtete Vernunft, wenn sie fleißig, fromm und nüchtern forscht, sowohl aufgrund der Analogie mit dem, was sie auf natürliche Weise erkennt, als auch aufgrund des Zusammenhanges der Geheimnisse selbst untereinander und mit dem letzten Zweck des Menschen mit Gottes Hilfe eine gewisse Erkenntnis der Geheimnisse, und zwar eine sehr fruchtbare; niemals wird sie jedoch befähigt, sie genauso zu durchschauen wie die Wahrheiten, die ihren eigentlichen ⟨Erkenntnis⟩gegenstand ausmachen. Denn die göttlichen Geheimnisse übersteigen ihrer eigenen Natur nach so den geschaffenen Verstand, daß sie, auch wenn sie durch die Offenbarung mitgeteilt und im Glauben angenommen wurden, dennoch mit dem Schleier des Glaubens selbst bedeckt und gleichsam von einem gewissen Dunkel umhüllt bleiben, solange wir in diesem sterblichen Leben ‚ferne vom Herrn pilgern' [...]."[82]

Die Ausführungen des *Ersten Vatikanischen Konzils* lassen für die Glaubensgewissheit also nur eine Form von autoritativer Gewissheit zu: Weil wir Gott, der sich und andere nicht täuscht, vertrauen dürfen, sind seine Offenbarungen auch glaubwürdig. Der Weg zu einer objektiven Gewissheit ist unter den Bedingungen „irdischer Pilgerschaft" versperrt. Der Glaube greift dort ein, wo die menschliche Erkenntnis von sich aus nicht mehr weiterkommt.

Im Hintergrund vor allem des Textabschnittes (ii) steht ein bestimmtes Bild von Erkenntnis: Für jede Art von Lebewesen gibt es einen gleichsam von Natur aus gegebenen

Erkenntnislevel L_n. Wenn sich der menschliche Erkenntnis-apparat auf diesen Level (L_n) oder alle darunter liegenden (L_{n-1}, L_{n-2} ...) bezieht, gibt es keine Probleme. Sobald aber der natürliche Level *überschritten* wird (L_{n+1}), kommt der Erkenntnisversuch sofort an eine Grenze, weil L_{n+1} ein Level ist, für den die menschliche Erkenntnis nicht gemacht ist. Aus der L_n-Sicht menschlicher Erkenntnis ist alles, was sich auf der Ebene L_{n+1} befindet, rätselhaft, ja ein *Geheimnis*. Kenntnis kann die menschliche Erkenntnis davon nur erhalten, wenn ein erkenntnisbefähigtes Wesen, dessen Erkenntnis von dessen Natur aus auf L_{n+1} bezogen ist, dem Menschen diese Mysterien offenbart. Durchschauen wird die L_n-Erkenntnis die L_{n+1}-Mysterien nicht, sie muss sie akzeptieren, sprich: glauben. Die Gewissheit, die sie erreichen wird, kann daher nur eine autoritative Gewissheit sein. Die Intuition, die hinter den Ausführungen des Konzils steht, lässt sich an folgendem Beispiel veranschaulichen: Der Mensch steht in der Erklärung der kosmischen Entwicklung, insbesondere des Anfangs, noch immer vor einem Rätsel. Möglicherweise ist das Thema eine Nummer zu groß für seinen Verstand. Stellen wir uns vor, ein allwissendes Wesen würde ihn über die Entstehung des Kosmos informieren – durch Angabe einer extrem komplizierten Formel. Der Mensch hätte nun zwar die Antwort auf seine Fragen, aber da er sie selbst nicht gefunden hat, muss er sie glauben. Die Gewissheit, dass diese Formel die Lösung darstellt, kann nur eine autoritative sein.

Dieses Bild ist aber nur oberflächlich plausibel. Es operiert mit der Voraussetzung, dass Erkennen wesentlich auf Wissen durch unmittelbares Gewahrwerden *(knowledge by acquaintance)* zielt. Die Relevanz solchen Gewahrwerdens zeigt sich sicherlich am deutlichsten im Rahmen der Sinneserkenntnis: Unsere optische Erfahrung hat nur in einem bestimmten Wellenbereich des Lichtes die Form eines unmittelbaren Gewahrwerdens. Ähnliches gilt für akustische Wahrnehmungen oder taktile etc. Aber was heißt das? Dank bestimmter Apparaturen ist es dem Menschen gelungen, auch in den Bereichen, die seiner unmittelbaren Erkenntnis nicht zugänglich sind, zu treffsicheren Erkenntnissen zu gelangen.

Das Bild, das von verschiedenen Erkenntnis-Leveln handelt, muss also wie folgt korrigiert werden: Es gibt einen Kontext K_n, innerhalb dessen unmittelbares Wissen (*knowledge by acquaintance*) erworben werden kann. Durch bestimmte Methoden M ist es jedoch möglich, Brücken in Kontexte K_{n+1}, K_{n+2} etc. zu bauen, so dass wir auch dort Wissen erwerben können. Wir können es auch so sagen: Durch M wird ein Bereich K_{n+1} auf den Bereich K_n „abgebildet"; $M : K_{n+1} \rightarrow K_n$. Das Resultat ist in jedem Fall Wissen, wenn auch nicht im Sinne von *knowledge by acquaintance*. Beispiele für solche Zusammenhänge lassen sich vielfältig in der Atom- oder in der Astrophysik finden. Nur wer *Wissen durch unmittelbares Gewahrsein* für das Richtmaß allen Wissens hält, kann in dem auf Brückenmethoden M aufruhenden Wissen ein Wissen von niedrigerer Dignität erblicken. Aber für eine Hochschätzung des *Wissens durch unmittelbares Gewahrsein* besteht kein Grund, zumal ein großer Teil unseres Alltagswissens ein erschlossenes Wissen ist, dem diese Unmittelbarkeit fehlt.

Die Ausführungen des *Ersten Vatikanischen Konzils* stehen aber noch vor anderen Schwierigkeiten. Wolfgang Beinert verweist auf die Probleme, die mit der autoritativen Gewissheit verbunden sind: Wenn es tatsächlich so ist, dass die relevanten Glaubensinhalte außerhalb unserer Erkenntnis liegen, dann wird vom Menschen nichts weniger als ein Verstandesopfer verlangt, wenn es darum geht, dass der Mensch diese Inhalte akzeptieren soll. Wenn es aber möglich wäre, dass der Mensch kraft seiner eigenen Erkenntnis zu den relevanten Inhalten vordringen kann, dann müsste objektive Gewissheit zumindest möglich sein. Diese würde jedoch der theologischen Bestimmung widersprechen, die in Textabschnitt (i) dargelegt wurde: dass der Glaube wesentlich Geschenk ist und dass die Kenntnis der relevanten Wahrheiten sich ausschließlich der Offenbarung Gottes verdankt.[83] Eine Lösung dieses Problems, die gleichwohl die Grundintuitionen des Konzils aufnehmen kann, ist nur möglich, wenn wir die Gewissheitsthematik nicht ausgehend vom Wissen (also nicht vom Maßstab objektiver Gewissheit) angehen, sondern von der fundamentalsten Bedeutung von Glauben: der *Anerkennung*. Dabei muss das zum Tragen kommen, was sich schrittweise schon im Kontext der Überlegungen zum Überzeugungsbegriff als Einsicht herausschälte – nämlich, dass der Glaube (in diesem weiten Sinn) der eigentliche Rahmen des Wissens ist. Wiederum mit Wittgenstein gesprochen: „Das Wissen gründet sich am Schluß auf Anerkennung."[84] Das würde bedeuten, dass wir uns vom Bild der übereinander liegenden Erkenntnislevel lösen müssten und zum Bild von Flussbett und Fluss zurückzukehren hätten.

Der theologisch relevante Unterschied zwischen Glauben und Wissen wurde im Umfeld des *Ersten Vatikanischen Konzils* unter dem Stichwort *Analysis Fidei* diskutiert. Ein durchaus interessantes Beispiel für die Konturen des religiösen Glaubensbegriffes bietet Matthias J. Scheeben († 1888) im ersten Band seines *Handbuchs der katholischen Dogmatik*.[85] Dort findet sich ein bis heute bemerkenswertes Beispiel für eine theologische Erkenntnislehre, in die ausführliche Reflexionen auf den Glaubensbegriff naturgemäß hineingehören. Scheebens Definition von Glauben ist aufschlussreich, bestätigt sie doch die Affinität des religiös gefassten Glaubens zur autoritativen Gewissheit:

> „Unter Glauben im eigentlichen und strengen Sinne des Wortes versteht man ein stetes Fürwahrhalten oder ein entschiedenes Urtheil des Geistes, welches sich nicht auf eigene Einsicht oder Kenntnißnahme von dem Gegenstande desselben, sondern auf die uns kundgethane Einsicht oder Kenntniß anderer intelligenter Wesen stützt; oder eine Ueberzeugung, welche nicht aus uns selbst, sondern von einem andern intelligenten Wesen dadurch in uns erzeugt wird, daß es uns seine Einsicht als Grund und Norm unserer Ueberzeugung vorlegt, und wir sie als Grund und Norm unse-

rer Ueberzeugung willig annehmen. Weil demnach der Beweggrund des Glaubens in einem andern intelligenten Wesen als dem Autor unserer Ueberzeugung liegt: so heißt der Beweggrund Auktorität, und der eigentliche Glaube selbst, um ihn von allen gleichnamigen Akten zu unterscheiden, Auktoritätsglaube; ihm gegenüber wird alle auf eigener Einsicht beruhende Ueberzeugung, wie diese Einsicht selbst, Wissen genannt."[86]

Diese Definition entspricht vollkommen der oben vorgenommenen Analyse eines erkenntnistheoretischen Bildes, das von Erkenntnis-Leveln ausgeht: Weil die menschliche Erkenntnis begrenzt ist, kann sie von den Mysterien Gottes nur im Modus des Glaubens Kenntnis erhalten. Die Gewissheit des Glaubens ist also eine autoritative Gewissheit. Natürlich sieht auch Scheeben, dass der Autoritätsglaube keinen Zwang auf den Menschen ausüben darf. Das Moment der freien Zustimmung gehört wesentlich zum Glauben.[87] Aber angesichts der Glaubwürdigkeit Gottes – die die Glaubwürdigkeit irdischer Autoritäten um ein Vielfaches übertrifft[88] – hat der Glaube eine pikante moralische Note: Kann doch Unglaube hier nicht anders als als Sünde gedeutet werden. In den Akt der Zustimmung gehört die Vernunft hinein – auch darin folgt Scheeben der an sich positiven Verhältnisbestimmung durch das Vaticanum I. Denn die Vernunft kann nach der Glaubwürdigkeit der Autorität fragen und auf diese Weise den Glauben befördern.[89]

Im theologischen Kontext wird die Glaubwürdigkeit Gottes mit seiner Unfehlbarkeit begründet[90], deren Bestimmung wiederum aus dem Kontext der natürlichen Theologie stammt. Auf dieser vergleichsweise schmalen Basis ruht die Glaubwürdigkeit der Offenbarung auf: Wenn wir Gott als den erkannt haben, der uns nicht täuschen kann, weil wir ihn philosophisch als Urheber unserer Welt und unseres Selbst und damit als Herrn unserer Vernunft erkannt haben, dann können und müssen wir auch seiner Offenbarung Glauben schenken.[91] Dieses Müssen hat, wie gesagt, moralische Konnotationen, weil wir als Menschen auf die Glaubwürdigkeit Gottes eigentlich mit Hingabe und Liebe zu antworten haben. Wer sich hier verschließt, handelt unmoralisch.[92]

Nimmt man die hier skizzierten Momente zusammen, so könnte man – verlässlichkeitstheoretische und kausaltheoretische Bestimmungen des Wissensbegriffes im Rücken – sagen, dass Scheebens Glaubensbegriff eigentlich ein verkappter Wissensbegriff ist. Und das räumt Scheeben sogar selbst ein:

„[…] so kann man im weiteren Sinne des Wortes sagen: auch der Glaube sei ein Wissen, d. h. ein begründetes Fürwahrhalten […].“[93] Wie unterscheidet sich die objektive Gewissheit des Wissens von der Gewissheit des Glaubens? Scheeben nimmt eine sehr genaue Analyse vor:

> „Er [sc. der Glaube; TS] unterscheidet sich aber vom Wissen 1) zunächst darin, daß beim Glauben die Entschiedenheit der Zustimmung erst durch den vernünftigen Willen, resp. den sittlichen Affekt des Willens hervorgerufen […] wird, während sie beim Wissen aus der Einsicht in die Wahrheit unmittelbar resultiert […]. Daraus folgt 2) der weitere Unterschied, daß die Gewißheit des Wissens, weil in der Vernunft selbst wurzelnd, naturnothwendig aus der Einsicht derselben resultirt, bei ihr also auch jeder Zweifel physisch unmöglich ist. Beim Glauben hingegen ist […] der Zweifel physisch möglich, und nur moralisch unmöglich, d. h. unerlaubt und unberechtigt; so bald jedoch der fromme Affekt vorhanden ist […], ist der Zweifel auch […] physisch unmöglich. Damit hängt 3) zusammen, daß die Gewißheit des Wissens im Allgemeinen leichter und sanfter zu Stande kommt und aufrecht erhalten wird, als die des Glaubens, weil diese sowohl im Willen wie in der Vernunft verschiedenen Schwierigkeiten begegnen kann, welche zum Zweifel anregen […]. Insbesondere gehört hierhin die aus der Erhabenheit des Glaubensinhaltes und der Unsichtbarkeit des redenden Gottes entspringende materielle und formelle Dunkelheit des Glaubens […].“[94]

Der Glaubensbegriff befindet sich hier eindeutig im Windschatten des Wissensbegriffes. Er wird mit Kennzeichen versehen, die aus dem Glauben eine besondere, ja höherwertige Form von Wissen machen und sogar eine höhere Gewissheit für den Glauben reklamieren, was mit der Würde des Gegenstandes (nämlich mit der Würde Gottes) begründet wird.[95]

Allerdings sind diese intellektualistisch anmutenden Skizzen nicht das vollständige Bild, das uns Scheeben präsentiert. In solider theologischer Tradition hält er daran fest, dass der Glaube ein heilsnotwendiger Akt ist, der sich vollständig der Gnade Gottes verdankt[96], die den Glauben im Menschen weckt und stärkt[97] und dennoch die Empfänglichkeit und freiwillige Mitwirkung des Menschen nicht ausschließt[98]. Der entscheidende Freiheitsakt des Menschen ist ein Akt des Gehorsams.[99]

Diese anderen – nicht primär kognitiven – Aspekte werfen aber erhebliche Folgefragen auf: 1. Wie sind Wissensaspekt und

Zustimmungsaspekt bzw. Willensaspekt miteinander zu vermitteln? 2. Kann ich den Gnadenaspekt des Glaubens so fassen, dass die erkenntnismäßige Leistung des menschlichen Glaubenssubjektes darin überhaupt noch eine Rolle spielen kann? 3. Wie sicher ist die schmale Basis objektiver Gewissheit, die sich in einem Grundsatz ausdrückt, von dem alles weitere abgeleitet wird: nämlich dass Gott, als Urheber der Welt identifiziert, nicht täuschen kann? Ist das Verhältnis von Glaube und Vernunft so nicht doch nur sehr äußerlich gefasst, weil die Vernunft nur bei der Sicherung einer Basis und bei der Flankierung eines konsistenten Zusammenhangs der Glaubenswahrheiten gefragt ist? 4. Lässt die Qualifizierung des Unglaubens als Sünde überhaupt noch ausreichend Raum, um den Akt des Glaubens als *freien* Akt des Menschen zu würdigen?

Im Grunde werfen diese vier Fragen eine Metafrage auf: nämlich, ob es möglich ist, einen Glaubensbegriff zu entwickeln, der nicht vom Wissen her konzipiert ist und doch die in der *Analysis Fidei* angesprochenen Aspekte auf sich vereinigen kann.

2.5.3 Ein interpersonal gefasster Glaubensbegriff

Der Durchbruch zu einem religiösen Glaubensbegriff, der nicht im Windschatten des Wissensbegriffes bleibt, erfolgte mit dem *Zweiten Vatikanischen Konzil* (1962–1965). Das Konzil reflektiert eine begriffliche Neubestimmung, die sich ihrerseits namhaften Theologen des 20. Jhs. verdankt; man spricht von den *heilsgeschichtlichen* Kategorien, in denen die Texte des Konzils „denken", d.h. vom Glauben sprechen. Ein wichtiges und für unsere Fragen überaus bedeutsames Beispiel stammt aus der „Dogmatischen Konstitution über die göttliche Offenbarung". Dort heißt es in Nr. 2:

> „Gott hat in seiner Güte und Weisheit beschlossen, sich selbst zu offenbaren und das Geheimnis seines Willens kundzutun [...]: daß die Menschen durch Christus, das fleischgewordene Wort, im Heiligen Geist Zugang zum Vater haben und teilhaftig werden der göttlichen Natur [...]. In dieser Offenbarung redet der unsichtbare Gott [...] aus überströmender Liebe die Menschen an wie Freunde [...] und ver-

kehrt mit ihnen [...], um sie in seine Gemeinschaft einzuladen und aufzunehmen. Das Offenbarungsgeschehen ereignet sich in Tat und Wort, die innerlich miteinander verknüpft sind: die Werke nämlich, die Gott im Verlauf der Heilsgeschichte wirkt, offenbaren und bekräftigen die Lehre und die durch die Worte bezeichneten Wirklichkeiten; die Worte verkündigen die Werke und lassen das Geheimnis, das sie enthalten, ans Licht treten. Die Tiefe der durch diese Offenbarung über Gott und über das Heil des Menschen erschlossenen Wahrheit leuchtet uns auf in Christus, der zugleich der Mittler und die Fülle der ganzen Offenbarung ist."[100]

Hier präsentiert sich uns ein alternatives Bild: Nicht Sätze sind es, auf die sich primär unser Glaube richtet, nicht Inhalte, die wir wie uneinsehbare Weltformeln zu akzeptieren hätten, sondern es ist zuallererst Gott selbst, als Person gefasst, auf den sich unser Glaube richtet. Die grundlegende Dimension ist also der Glaube-an. Gott ist als Gegenüber vorgestellt, das uns begegnet – auf dem Feld der Heilsgeschichte. In personalen Kategorien gedacht ist es vollkommen einsichtig, dass die Beziehung des Menschen zu Gott elementar mit Glauben-an und Anerkennung zu tun hat. Ein Gott, der mich anruft, der auf mich zugeht, in der Welt sein Heil wirkt, kann etwas von mir erwarten. Was er erwartet – meine Antwort – kann ich aber nur freiwillig geben. Meine Antwort ist wesentlich ein Akt der Liebe, aus der jene Anerkennung entspringt, die den Glauben-an trägt.

Auf eben diesem Plateau sind die verschiedenen Aspekte der *Analysis fidei* durchaus vermittelbar:
1. Glaube hat etwas mit Wissen zu tun, weil sich der Glaube-an schließlich auch in Glauben-dass-Sätzen artikulieren muss, um kommunikabel zu sein.
2. Glaube hat etwas mit Gnade zu tun, weil ich das heilsgeschichtliche Wirken Gottes nicht herbeizwingen kann. Dass Gott selbst auf die Menschen zugeht, entspringt seiner Freiheit und seiner Liebe.

3. Glaube hat etwas mit Freiheit zu tun. Wenn die Antwort, die ich als Mensch auf das Entgegenkommen Gottes geben soll, wesentlich ein Ausdruck von Anerkennung und Liebe ist, dann kann ich dazu nicht gezwungen werden. Erzwungene Liebe ist keine Liebe.

4. Im interpersonalen Rahmen erschließt sich auch der Zusammenhang von Glaube und Offenbarung. Der gehaltlichen Offenbarung (Kundgabe-dass) liegt wesentlich die Selbstmitteilung und Selbstkundgabe Gottes als Akt des Zugehens auf den Menschen zugrunde. Dem menschlichen Glauben-dass geht umgekehrt (im interpersonalen Koordinatensystem) wesentlich der Glaube-an voraus. Beide Aspekte legen Glauben und Glaubensgewissheit als Freiheitsgeschehen[101] offen.

Auch bei diesem interpersonal grundierten Glaubensbegriff ist die Vernunft nicht ausgeschaltet. Sie wird schon da eingefordert, wo ich Kriterien auszuweisen habe, um Gottes selbstoffenbarendes Handeln in der Geschichte als Handeln *Gottes* auszuweisen. Und sie wird den Akt der Anerkennung zu begleiten haben, damit dieser nicht in unverantwortlicher Blindheit gesetzt wird. Aber diese Vernunft kann den Glauben nicht ersetzen. Das erschließt sich eben aus diesem interpersonalen Blickwinkel: Wenn ich einer Person vertraue, so werde ich Gründe für dieses Vertrauen finden können. Aber ich werde die Vertrauenswürdigkeit meines Gegenübers nie restlos beweisen, nie absolut begründen können. Ich werde vielleicht zahlreiche gute Gründe finden, aber niemand kann mir den Schritt in den Glauben abnehmen.

Die Frage ist freilich, wie die Vernunft den Akt des Glaubens als *Anerkennungsakt* begleiten kann. Räumt man der Vernunft die grundsätzliche Möglichkeit ein, Orientierung zu schaffen, so kann sie dies auch im Kontext des religiösen Glaubens vollbringen. Im Blick auf Offenbarung wird Vernunft in zweierlei Hinsicht gefordert sein: einerseits zur Entfaltung von Kriterien für das Ergangensein von Offenbarung, andererseits in Hinsicht auf das Geoffenbarte selbst, das nicht widersprüchlich oder unverständlich sein darf, um vom Menschen „vernehmbar" zu sein. In dieser zweiten Rücksicht wird sich Vernunft methodisch als Theologie zeigen, d. h. als Rekonstruktion der Rede von Gott und seiner Offenbarung unter dem Blickwinkel der Folgerichtigkeit, des inneren Zusammenhangs und der Einsehbarkeit. In der ersten Hinsicht wird es um die Entfaltung von Kriterien für Offenbarung gehen – gerade um die Offenbarung selbst vor Verwechslung mit menschengemachten „Götzenbildern" zu schützen. Als Kriterium kann freilich nur das in Frage kommen, was *innerster Grund* des Glaubens an Offenbarung in der Weise des *Überzeugtseins* selbst ist: der Erweis von *Authentizität* und *Freiheit*. Denn ohne Freiheit ist es mir nicht möglich, Überzeugungen zu haben und zu artikulieren. Ohne Authentizität wiederum sind meine Überzeugungen nur Hülsen, die mir nichts bedeuten und nicht in mein Leben eingreifen. Beide Aspekte sind durchaus in einer Spannung zu sehen: *Authentizität allein* könnte nichts gegen eine eventuelle Ideologiebeladenheit meines Überzeugtseins ausrichten. *Freiheit allein* könnte keinen Maßstab für die Weltbild- und Identitätsrelevanz meines Überzeugtseins formulieren. Erst die Verbindung von Freiheit und Authentizität gibt jenen Maßstab vor, der für die Beurteilung von (religiösen) Überzeugungen und damit auch für die Beurteilung des Glaubens an Offenbarung sachdienlich ist. Die beiden genannten Basiskriterien sind rein aus der Vernunft entwickelt – und zwar durch die Reflexion auf die Eigenart und die Bedingungen des Überzeugtseins: Überzeugungen können nur Überzeugungen sein, wenn *ich* sie habe, d. h. wenn *ich* mich zu ihnen in ein Verhältnis setze (was Freiheit voraussetzt) und wenn sie *mich* formen (was mit Authentizität gemeint ist). Mit Hilfe dieser *beiden* Basiskriterien kann die Vernunft sich kaum zum allzuständigen Richter in Glaubensdingen erheben, sie kann jedoch Orientierungshilfen anbieten, um zu rekonstruieren, auf welche Weise und in welche Richtung der religiöse Glaube bzw. die religiöse Überzeugung sich bewähren muss, um *glaubwürdig* zu sein.

Ein so verstandener, mit den grundlegenden Freiheitsakten des Menschen verbundener Glaubensbegriff deckt sich auch weit eher mit der biblischen Tradition als ein intellektualistischer Glaubensbegriff, den das *Erste Vatikanische Konzil* nahezulegen schien: Die großen biblischen Vorbilder wie

Abraham, Isaak und Jakob, wie Mose, wie die „idealisier-
ten" Könige David und Salomon, wie die Propheten und besonders Jesus Christus selbst gelten als Paradigma für einen
interpersonal auf Gott als den Herrn der Geschichte gerich-
teten Glauben-an, aus dem eher mittelbar ein Glauben-dass
entspringt.[102] Die in diesen biblischen Gestalten greifbare
Gottes- und Glaubenserfahrung kann als Korrektiv gegenüber einem intellektualistisch verengten Glauben gelten.

Vor dem Hintergrund des biblischen Paradigmas eines
Glaubens-an lässt sich das wechselseitige Verweisverhält-
nis von Glaube und Leben überaus deutlich akzentuie-
ren. Solch ein Glaubensbegriff tritt aus dem Schatten des
Wissens heraus, weil ein für ihn genuines Moment und
Motiv ansichtig wird: Vertrauen und Anerkennung. Bei-
des führt den freiheitlichen, gnadenhaften und epistemischen Aspekt des Glaubens organisch zusammen. Denn
es geht um ein Tun und Zustimmen des Menschen, das aus
Freiheit entspringt. Es geht um eine Form von Anerkennung, die wesentlich eine antwortende, dem begegnenden
Gott entgegengehende ist. Aber es geht auch – wenngleich
in mittelbarer Form – um eine Bezugnahme zu Inhalten,
die sich als Fürwahrhalten ausdrückt. Gerade der letztgenannte Aspekt darf bei aller Mahnung vor intellektualis-
tischen Verkürzungen nicht unterbelichtet werden. Denn
damit ist gegeben, dass der Glaube a) gerade in seiner interpersonalen Perspektive eine kognitive Dimension hat
und dass der religiöse Glaube sich b) in einen Zusammenhang mit dem Phänomen Überzeugung bzw. Überzeugtsein bringen lässt.

2.5.4 Noch einmal: Glaubensgewissheit

Die Frage ist nun, welche Art von Gewissheit einem solchen
interpersonal – also wesentlich über den Begriff der Aner-

kennung – verstandenen Glaubensbegriff entspricht. Die Antwort ist kurz, aber folgenreich: Es handelt sich um eine Gewissheit, die sich auf dem Niveau der Gewissheit von grundlegenden Überzeugungen befindet. In den vorausgehenden Überlegungen war schon deutlich geworden, dass Überzeugungen unentbehrlich sind. Sie sind der Rahmen, die Leinwand, die Farben meines Weltbildes. Die Kunst des Wissens verdankt sich einem solchen interpersonal anerkannten Rahmen: Dass wir in einem Konstellationsbereich K zu einem Wissen-dass-p gelangen, ist nur möglich, weil wir auf der Grundlage miteinander geteilter und somit anerkannter Überzeugungen, dem Bereich K Methoden zuweisen, die wir als Wege zum Wissen im Bereich K anerkennen. Welche Art von Gewissheit aber haben wir bei Überzeugungen vor uns? Es scheint sich um eine eigenartige Mischform zu handeln, die die Plausibilität der oben skizzierten Graphik durchaus in Frage stellt. Denn Überzeugungen sind, wie wir anzudeuten versuchten, so tief mit unserer Identität verwoben, dass sie das Rückgrat jeder subjektiven Gewissheit bilden. Da Überzeugungen aber auch einen gemeinschaftskonstitutiven Charakter haben und da ich meine Überzeugungen nicht primär aus „aufgesammelten" Erfahrungen ablese, sondern am Vorbild anderer Menschen erlerne, ließen sie sich auch am Maß autoritativer Gewissheit messen. Und schließlich sind sie ihrerseits anleitende Grundlage objektiver Gewissheit, weil sie – auch wenn sie ihrerseits dem herkömmlichen Spiel des Bewahrheitens nicht unterworfen werden können – den Rahmen des Bewahrheitens abstecken bzw. Normen der Bewahrheitungskunst enthalten. Was wir als Überzeugung artikulieren, kann also weder auf der x-, noch auf der y- und auch nicht auf der z-Achse des oben beschriebenen Koordinatensystems eingetragen werden. Es handelt sich vielmehr um eine Form von Gewissheit, die den Rahmen und die Grundlage aller anderen Formen von Gewissheit bildet.

Ist der religiöse Glaube – hier betrachtet als System oder

Netz grundlegender Überzeugungen – irrtumsimmun und im Status einer unüberbietbaren Gewissheit? Das ist mit den obigen Ausführungen nicht automatisch behauptet. Es ist vielmehr angedeutet,

1. dass der Glaube nicht bloß Vorstadium, sondern Rahmen von Wissen ist, sobald ich ihn als Überzeugtsein fasse,
2. dass der religiöse Glaube – wo er in dem ihm gebührenden Ernst gelebt wird, so dass er mit Leben gefüllt wird bzw. die Lebensform der Menschen gestaltet – einen grundlegenden Charakter hat, was sich darin ausdrückt, dass er Identität und Weltbild eines Menschen wesentlich prägen, ja konstituieren kann, und
3. dass ein Verlust des Glaubens bzw. der Glaubensgewissheit analog dem Zum-Glauben-Kommen einer Art *Konversion* gleicht, die mit dem Weltbild auch die Identität des Menschen ändert.

Letzteres gilt nicht von jedem beliebigen Satz, der im Fokus der Ausdrücke „glauben" oder „wissen" stehen kann, sondern eben nur von solchen Sätzen, die sich auf notwendige Abschlussgedanken der Vernunft beziehen, welche sich als Gedanken kennzeichnen lassen, die sich (mit Kant angedeutet) auf die Konzepte von „Ich", „Welt" und die das Ich und die Welt vermittelnde Instanz (christlich: Gott) beziehen. Viele Sätze, die mit „glauben" oder „wissen" kombiniert werden können, haben nicht diese Ranghöhe und stellen auch nicht Überzeugungen im eigentlichen Sinne dar.

Abschließend ist an dieser Stelle noch ein Blick auf die Frage zu werfen, warum man bei jenen Sätzen, die von „Ich", „Welt" und „Gott" handeln, den Ausdruck, genauer: den Operator „Wissen" nicht recht gebrauchen kann. In der Sprache der klassischen Philosophie und Theologie würde man vielleicht schon einige Gründe finden, um diesen Gedanken vorderhand plausibel zu formulieren: Man könnte etwa davon sprechen, dass das Ich (oder die Seele) kein x-beliebiger Gegenstand ist, den man wägen, zählen, messen, sehen, riechen oder schmecken kann. Man könnte darauf verweisen, dass die Welt der Horizont unserer Erkenntnis ist, den man zwar ahnt, aber selbst nicht wie einen Gegenstand wissend umschreiten kann. Und man könnte darauf hinweisen, dass Gott unsichtbar ist und alles überschreitet, was wir erfahren, ja was wir denken können. Damit sind die wichtigsten Spuren schon gefunden. Aber diese eher intuitiven oder an klassischen Konzepten angelehnten Auskünfte lassen sich noch etwas präziser fassen. Ausgangspunkt sind einige Hinweise von Roderick Chisholm, die uns den Begriff eines *kriterialen Wissens* vor Augen stellen: Formal geht es dabei um die Einsicht, dass wir uns bei der Frage, ob wir einen Sachverhalt p wissen, auf einen Sachverhalt q beziehen, um unsere Behauptung, dass p, bzw. unser Wissen von p zu untermauern. Gerade im Kontext der so genannten Other-Minds-Problematik, d. h. der Frage nach der Erkenntnis des Fremdpsychischen, wird das deutlich: Woher weiß Peter, dass sein Begleiter Hans Schmerzen hat? Peter kann ja das Schmerzgefühl von Hans nicht direkt sehen bzw. erfahren oder erleben. Aber Peter kann sich auf einige Sachverhalte beziehen, die ihrerseits die Geltung des Satzes „Hans hat Schmerzen" festigen. Solche Sachverhalte lassen sich etwa im Verhalten und Benehmen von Hans finden, z. B. seinem Stöhnen, seiner Mimik und seinen Gesten. Dieser Zusammenhang lässt sich generalisieren in der oben angedeuteten Form: In manchen Fällen wird die Geltung eines Sachverhaltes p durch Bezug auf einen Sachverhalt q gestützt. Der Sachverhalt q (oder auch ein Bündel von Sachverhalten) kann als *Kriterium* von p gelten. Der Ausdruck „Bezug" ist dabei so neutral aufzufassen, dass er sowohl für internalistische als auch für externalistische Deutungen des Wissensbegriffes offen ist. Internalisten und Externalisten werden sich heftig darüber streiten, wie die Bezugnahme gesichert werden kann und wie explizit sie artikuliert werden muss. Aber sie werden sich nicht unbedingt darüber uneinig sein, dass bestimmte Sachverhalte mit anderen *kriterial* verklammert sind. Der Streit bezieht sich auf die Frage, worin diese Verklammerung gründet. Ein hartgesottener Internalist wird dies auf die inneren, d. h. die begrifflichen und logischen, Verfugungen des Bewusstseins zurückführen. Ein Externalist dagegen wird dies auf die Struktur und die Funktionsweise des menschlichen Erkenntnisapparates zurückführen oder, wenn er „Wittgensteinianer" wäre, auf die Grammatik unseres Geistes, die uns in bestimmte epistemische Zusammenhänge eingesenkt hat. Diese Fragen sollen hier aber nicht noch einmal diskutiert werden.

Wichtiger ist in diesem Zusammenhang der Hinweis, dass es in diesem Gefüge kriterial miteinander verwobener Sachverhalte auch Grenzen gibt. Im „normalen" Spiel des Wissens haben wir es sehr oft mit *heterokriterialen* Sachverhalten zu tun – also mit solchen, die auf einen *anderen* angewiesen sind. Als Grenze wäre nun ein Sachverhalt zu denken, der sozusagen *autokriterial* ist, weil es nicht möglich und nötig ist, auf einen anderen zu verweisen. Das ist vermutlich der Fall, wo es um den Gebrauch des Wortes „ich" geht. Man kann (mit reichlich vielen Kunstgriffen) den Satz „Ich sehe vor mir eine gelbe Tasse" noch mit einem Satz „Ich habe einen gelben und tassenartigen Farbeindruck" kriterial verklammern. Aber gerade der letztgenannte Satz steht und ruht in sich selbst. Mit gewisser Verkürzung, aber ohne Verfälschung kann man also sagen, dass Ich-Sätze oft *autokriterial* sind. Das Spiel des Wissens, das wesentlich auf dem Zueinanderbringen *heterokriterialer* Sätze aufruht, kommt hier an ein Ende, genauer: gar nicht zum eigentlichen Zuge. Die Grenze auf der anderen Seite ist mit Sätzen markiert, die nicht nur einen oder eine gewisse Zahl von Sätzen als Kriterien brauchen, sondern ein ganzes Universum von Sachverhalten. Man könnte hier von *pankriterialen* Sachverhalten sprechen. Beispiele hierfür sind nicht schwer zu finden – Sätze über „die Welt" (im philosophischen Sinn) werden wohl dazugehören. Es ist also auch von dieser Seite aus Kant beizupflichten, wenn er im Blick auf Ich und Welt von „Grenzbegriffen" spricht. Und ausgehend vom eben Skizzierten würde sich auch erklären lassen, warum wir einen epistemischen Bezug auf Ich und Welt nur in der Weise von Überzeugungen herstellen können.

Wie ist das nun aber im Falle der Sätze, die von „Gott" handeln? In der theoretischen Philosophie Kants ist im Gottesbegriff die Vermittlung von Ich und Welt angezeigt.[103] In klassischer Weise wurde dies in der Form ausgesagt, dass Gott als Grund von Welt und Ich zu denken ist. Aber wie ist es um den „kriterialen Status" der Sätze, die von Gott handeln, bestellt? Weil der Gottesbegriff Ich und Welt vermitteln soll, werden Sätze, die von Gott handeln, sozusagen zwischen *Autokriterialität* und *Pankriterialität* hin- und herschwingen und somit in beiden Formen Gestalt finden. Letztlich geht es hier also um die Feststellung, dass auch eine Verbindung von *Autokriterialität* und *Pankriterialität* das Spiel bzw. die Kunst des Wissens an eine Grenze führt. Deswegen sind Sätze, die von Gott handeln, ebenfalls nur im epistemischen Modus von *Überzeugungen* zu haben.

Ändert eine Bezugnahme auf Offenbarung daran etwas? Natürlich kommen damit Instanzen ins Spiel (Zeugnisse, die auf Erfahrungen anderer Menschen hinführen etc.), die in das heterokriteriale Koordinatensystem passen. Aber letztendlich muss auch für die Akzeptanz von Offenbarung gelten, dass ein Ereignis als eine Offenbarung *Gottes* in Frage kommt oder kommen kann. Ein Gottesbegriff und ein Netz von tragenden Überzeugungen ist schon *vorausgesetzt*, damit Offenbarung *als* Offenbarung überhaupt gewürdigt werden kann.

3. Die Frage nach der Wahrheit

Eine der tragenden Säulen des Wissensbegriffes ist – wie bereits dargelegt – das Wahrheitsmoment. Dass für Wissen „Wahrheit" relevant ist, lässt sich ohne weiteres verstehen. In der oben angedeuteten, von Platon stammenden Definition von Wissen als wahrem Glauben bzw. wahrer Meinung dient das Wahrheitsmoment sogar als entscheidendes Differenzkriterium. Dabei stellt sich allerdings mit Blick auf den Glauben die Frage, ob der Wahrheitsaspekt hier nicht auch eine Rolle spielt. Die so genannte Identitätstheorie von Glaube und Wissen argumentiert in Anlehnung an Donald Davidson († 2003) so, dass sie herausstellt, dass auch für den Glauben der Wahrheitsaspekt relevant sei, da man einer Person, die man für rational hält, wohl kaum unterstellen könne, dass die Mehrzahl ihrer Annahmen falsch oder in sich widersprüchlich sei.[104] Ohne die Diskussion um Differenz oder Identität von Wissen und Glauben hier erneut zu eröffnen, kann im Sinne einer konservativen, weil am Unterschied festhaltenden Skizze gesagt werden: Für die Bestimmung von Wissen ist der Wahrheitsaspekt zwar ein wichtiges Kriterium, aber auch der Glaube als Für-wahr-Halten *zielt* zumindest auf Wahrheit. Wahrheit wird hier also unterstellt, auch wenn die Bewahrheitung im Einzelnen aussteht. Damit ist zunächst das aufgenommen, was im vorausgehenden Teil schon erläutert wurde: dass Glaube und Wissen Geschwister, aber nicht Zwillinge sind.

Andererseits ist ein Thema angesprochen, das ebenfalls in den vorausgehenden Überlegungen gestreift worden war: die Wahrheitsfrage. Sie stellt sich im Blick auf den christlichen Theismus ungefähr in folgender Weise:

1. Können die Aussagen des christlichen Theismus *als wahr eingestuft* werden?
2. Auf welche Weise können die Aussagen des christlichen Theismus *bewahrheitet* werden?

Daran schließt sich sofort eine Frage an, die im Kontext der Pluralisierung von Lebensverhältnissen und im Zusammenhang der Entdeckung pluraler Weltanschauungs-Horizonte keineswegs nur ein Teilproblem benennt:

3. Wie kann die Wahrheit des christlichen Theismus gegenüber anderen Weltanschauungen und Religionen sinnvoller- und redlicherweise *behauptet* werden?

Diese drei Fragen zeigen eine interessante begriffliche Vernetzung an, die das Wahrheitsproblem mit dem Rationalitätsproblem verbindet. Beide Aspekte sind eigentlich auseinander zu halten. Dass das nicht immer gelingt, zeigt die ausufernde Diskussion um den Wahrheitsbegriff. Und tatsächlich: Wer die Wahrheitsfrage stellt, will nicht nur wissen, was der Ausdruck „wahr" bedeutet, sondern auch, welche Kriterien es gibt, um die Bewahrheitung einer Aussage voranzutreiben. Lorenz B. Puntel unterscheidet auf der Linie dieser Differenz den (a) *definitionalen* vom (b) *kriteriologischen* Aspekt in der Wahrheitsfrage: Wer sich zu (a) äußert, muss keineswegs schon Wahrheitskriterien im Sinne von (b) formulieren.[105] Allerdings halten uns die spezifischen Fragen (1. bis 3.) zur Wahrheit des christlichen Theismus dazu an, beide Aspekte doch in einer Verbindung miteinander zu sehen.

3.1 Das schwierige Wort „wahr"

Den genannten Fragen liegt eine noch weitaus grundsätzlichere zugrunde. Es stimmt zwar, dass derjenige, der den Ausdruck „wahr" definieren will, keine Kriterien benennen muss, oder allenfalls in dem weiten Sinn einer kriterialen Gebrauchstheorie für Ausdrücke. Jedoch muss derjenige, der nach Kriterien fragt, schon wissen, wie er den Ausdruck „wahr" versteht. Daher setzen die Eingangsfragen im Grunde eine Klärung des definitionalen Aspektes in der Wahrheitsfrage schon voraus.

Die folgenreichste Klärung des Ausdrucks „wahr" – folgenreich deswegen, weil sie inzwischen zu einer Art Standard avanciert ist, den man interpretiert oder auch kritisiert – stammt von Alfred Tarski († 1983). Seine Ausführungen sind unter dem Etikett „semantische Theorie der Wahrheit" formuliert und rezipiert worden. Allerdings ist – wie noch zu zeigen sein wird – seine Position so deutungsoffen, ja deutungsbedürftig, dass man sie als allgemeine Plattform verstehen kann, auf der sich andere (klassische) Wahrheitstheorien bewegen.

Tarski setzt ein bei einer nüchternen Feststellung: Der Wahrheitsbegriff, den die Philosophen verwendet haben und verwenden, sei heillos unterbestimmt oder so mehrdeutig, dass er für die Bedürfnisse exakten Philosophierens und genauer Wissenschaftlichkeit nicht zu brauchen sei. Tarski sucht eine exakte Bestimmung von „wahr", die aber im Einklang mit der philosophischen Tradition steht:

> „Wir möchten, daß unsere Definition den Intuitionen der *klassischen aristotelischen Konzeption der Wahrheit* gerecht wird – die ihren Ausdruck in den wohlbekannten Worten der *Metaphysik* des Aristoteles findet: *Von etwas, das ist, zu sagen, daß es nicht ist, oder von etwas, das nicht ist, zu sagen, daß es ist, ist falsch, während von etwas, das ist, zu sagen, daß es ist, oder von etwas, das nicht ist, daß es nicht ist, wahr ist.*"[106]

Im Grunde enthält die klassische aristotelische Bestimmung[107], auf die Tarski anspielt, einen enorm wichtigen Hinweis darauf, wo „Wahrheit" eigentlich vorkommt, ihren Ort hat und auch zum Problem wird – nämlich im Urteil, das sich in einem behauptenden Satz („Dies und jenes verhält sich so und so") zum Ausdruck bringt. Diese Feststellung leitet uns dazu an, den großen und schweren Ausdruck „Wahrheit" gleichsam in kleine Münzen zu wechseln und auf dieser Linie lieber von „wahr" im Sinne einer Eigenschaft bzw. eines Prädikates zu sprechen. Allerdings darf solch eine Einstufung nicht verhehlen, dass sich eine Eigenschaft „wahr" von einer alltäglich vertrauten Eigenschaft wie „rot" erheblich unterscheidet. So bezieht sich Letztere auf Gegenstände, Erstere jedoch auf Sätze oder Urteile, die auf einer anderen Ebene rangieren als Gegenstände.

Tarski selbst beginnt mit einem einfachen, berühmt gewordenen Beispielsatz: *„Die Aussage ‚Schnee ist weiß' ist wahr genau dann, wenn Schnee weiß ist."*[108] Dass dieses Beispiel im Sinne einer definitionalen Klärung von „wahr" alles andere als trivial ist, macht Tarski dadurch deutlich, dass er auf die Schreibweise und die damit verbundenen philosophischen Überlegungen verweist: Der Satz, genauer: die Zeichenkombination „Schnee ist weiß" kommt im genannten Beispielsatz in zweifacher, aber deutlich voneinander abgegrenzter Weise vor:

„Auf der rechten Seite haben wir die Aussage selbst, auf der linken den Namen der Aussage. [...] Es ist kaum nötig zu erklären, warum wir auf der linken Seite [...] den Namen der Aussage haben müssen, nicht diese selbst. Denn erstens wird vom Standpunkt der Grammatik unserer Sprache ein Ausdruck der Form ‚X ist wahr' zu keiner sinnvollen Aussage, wenn wir in ihm das ‚X' durch eine Aussage oder etwas anderes außer einem Namen ersetzen – da das Subjekt einer Aussage nur ein Substantiv sein kann oder ein Ausdruck, der wie ein Substantiv funktioniert. Zweitens verlangen die grundlegenden Vereinbarungen hinsichtlich des Gebrauchs einer Sprache, daß in einer Äußerung, die wir über einen Gegenstand machen, der Name des Gegenstandes gebraucht werden muß und nicht der Gegenstand selber."[109]

Tarski gewinnt seine „Definition", d. h. seine sprachregulatorische Konvention hinsichtlich der Verwendung von „wahr", durch eine Art Verallgemeinerung seines Beispielsatzes. Dafür setzt er den Buchstaben „p" für eine beliebige Aussage und den Buchstaben „X" für den Namen einer Aussage. Die Beziehung zwischen dem Satz „X ist wahr" und dem in Rede stehenden Satz p stellt sich für Tarski[110] als Äquivalenz dar:

(T) X ist wahr genau dann, wenn p.[111]

So lautet die berühmte Wahrheitskonvention (T) in den Ausführungen Tarskis. Er erläutert:

> „Es sollte hervorgehoben werden, daß weder der Ausdruck (T) selbst (der keine Aussage, sondern das Schema einer Aussage ist) noch irgendein besonderer Fall der Form (T) als Definition der Wahrheit angesehen werden kann. Wir können nur sagen, daß jede Äquivalenz der Form (T), die wir nach Ersetzung von ‚p' durch eine partikuläre Aussage von ‚X' durch den Namen dieser Aussage erhalten, als eine partielle Definition der Wahrheit betrachtet werden kann, die erklärt, worin die Wahrheit dieser einen individuellen Aussage besteht. Die allgemeine Definition muß in einem gewissen Sinne die logische Konjunktion all dieser partiellen Definitionen sein."[112]

Dass es sich dabei keineswegs um eine Trivialität handelt, zeigt jedoch ein genauer Blick auf kaum verdeckte Problemanzeigen, die mit (T) verbunden sind: Das erste, grundlegende Problem betrifft eine notwendige Ebenenunterscheidung in der Sprache. Auf welcher Ebene wird der Ausdruck „ist wahr" verwendet? Offenkundig nicht auf einer normalen Sprachebene, auf der sozusagen direkt von Dingen oder Sachverhalten geredet wird. Denn auf dieser normalen Ebene – der Ebene der Objektsprache – können wir Sätzen keine Namen geben oder Sätze anführen.[113] Dazu bedarf es einer höheren Ebene: die Ebene der Metasprache. Wird dieser Unterschied außer Acht gelassen, kommt es unweigerlich zu widersprüchlichen Verstrickungen (Antinomien).

Lorenz B. Puntel unterscheidet in Tarskis Wahrheitskonvention sogar drei Ebenen: Da ist zunächst der Satz, der eine bestimmte Proposition zum Ausdruck bringt. Er steht auf der rechten Seite der in (T) ausgesagten Äquivalenz und markiert die unterste Ebene. Auf der zweiten Ebene rangiert der Name des Satzes oder der in Rede stehende Satz in Anführungszeichen. Eine dritte Ebene schließlich ermöglicht es erst, die beiden anderen Ebenen miteinander in Berührung zu bringen, so dass von „ist wahr" vermittels der Äquivalenz („genau dann, wenn …") gesprochen werden kann.[114] Wie viele Ebenen wir auch immer zählen mögen, die Notwendigkeit der Differenzierung zeigt uns, dass mit Tarskis Wahrheitskonvention (T) noch längst nicht alles gesagt ist. Es bleibt Raum zu weiterer Interpretation, die – wen wundert es – im Grunde die Plattform für die verschiedenen, teilweise schon vor Tarski etablierten und diskutierten Wahrheitstheorien schafft. Ausschlaggebend hierfür ist das zweite grundlegende Problem, das aus dem ersten unmittelbar folgt: Der sich hier ergebende Interpretationsspielraum hängt damit zusammen, dass Tarski einen wichtigen Aspekt seines Vokabulars völlig unterbelichtet lässt, obwohl es bei der Klärung von „wahr" gerade darauf ankommt: den semiotischen Aspekt. Es klingt trivial, ist aber für das Funktionieren unserer Sprache wesentlich, dass sich zu Sätzen arrangierte Sprachzeichen auf Sachverhalte *beziehen* können (also eine *Zeichenfunktion* haben) und dass sich Namen für Aussagen oder in Anführungszeichen gesetzte Aussagen auf Sätze *beziehen* können und dass zwischen beiden Bezügen ein Unterschied herrscht, der wiederum nicht ausschließt, dass man beide Bezüge miteinander in eine Relation bringen kann. Vorsichtig formuliert kann man sagen: Wahrheit bzw. die Verwendung des Ausdrucks „ist wahr" scheint etwas mit dem korrekten Herstellen solcher Bezüge zu tun zu haben – nämlich mit der Fähigkeit, durch Zeichenarrangements auf Sachverhalte Bezug nehmen zu können und diese Bezugnahme bisweilen einer kritischen Prüfung unterwerfen zu müssen, bei der über Erfolg oder Misserfolg beschieden wird. Mit dem Zusatz „ist wahr" gebe ich nämlich an, dass ich mich mit dem Satz „Der Schnee ist weiß" *korrekt* auf den entsprechenden Sachverhalt beziehe. Ich erhebe einen Anspruch und will, dass man mir diesen Anspruch zugesteht. Genauer gesagt: Mit dem Ausdruck „ist wahr" beziehe ich mich auf meine Äußerung und auf den damit gegebenen Anspruch und mache ihn geltend. All das scheint bei Tarski so gar nicht auf.[115] Die Wahrheitskonvention (T) enthält keine entsprechenden Klärungen, sondern setzt die korrekte Möglichkeit des Bezeichnens auf den unterschiedlichen Ebenen bereits voraus. Deshalb kann man mit Tarskis Definition im engeren Sinne zufrieden sein und gleichzeitig auf weitere Erläuterungen pochen – im Sinne einer explizierenden Anreicherung der eben dargelegten Wahrheitsdefinition. Das bedeutet aber: Bei genauerer Betrachtung steht die so genannte „semantische Wahrheitstheorie" nicht wie eine spektakuläre Alternative neben den klassischen Wahrheitstheorien, sondern liegt ihnen als Plattform voraus. Sie kann nur dann genügen, wenn man bereit wäre, auf jede Form von Erläuterung und auf irgendwelche Hinweise in Richtung von „Wahrheitskriterien" zu verzichten.

3.2 Klassische und „neoklassische" Wahrheitstheorien

Wahrheitstheorien sind Versuche, den Ausdruck „wahr" oder „Wahrheit" begrifflich zu bestimmen. Die etablierten Wahrheitstheorien fallen jedoch dadurch auf, dass sie nicht nur eine Definition von „wahr" bzw. „Wahrheit" anstreben, sondern auch Anhaltspunkte dafür liefern, die uns in die Lage versetzen sollen, zwischen Wahrheit und Falschheit einen sinnvollen Unterschied zu markieren. Wir können ihr Anliegen in systematischer Hinsicht am besten als den Versuch verstehen, Tarskis Wahrheitskonvention (T) zu interpretieren. Historisch betrachtet, sind manche Wahrheitstheorien oder deren Kernstücke wesentlich älter als Tarskis Vorschlag. Doch bietet Tarski, wie schon angedeutet, eine gute Auffahrt für eine systematische Durchsicht.

Wir können uns das an einem sehr simplen Beispielsatz verdeutlichen:

(i) Kater Maunzer faulenzt im Gras.

Das Wahrheitsproblem kommt, wie wir gesehen haben, auf

einer zweiten Ebene ins Spiel, nämlich im Gewand einer Behauptung:

(ii) Der Satz „Kater Maunzer faulenzt im Gras" ist wahr.

Entsprechend der Wahrheitskonvention Tarskis dürften wir sagen:

(T-ii) Der Satz „Kater Maunzer faulenzt im Gras" ist wahr genau dann, wenn Kater Maunzer im Gras faulenzt.

Aber was bedeutet das, wenn wir die Wahrheit unseres Beispielsatzes behaupten? Und wie kommen wir dahin, die Wahrheit unseres Beispielsatzes zu behaupten?

Die bekannten Wahrheitstheorien lassen sich als Versuche verstehen, auf diese Fragen eine Antwort zu geben oder uns zumindest bei der Formulierung einer Antwort behilflich zu sein.

3.2.1 Redundanz- und Disquotationstheorie

Die erste Frage, die sich stellen lässt, ist die nach dem Verhältnis von Satz (ii) zu Satz (i). Ein Vertreter der Redundanztheorie wie Frank P. Ramsey († 1930) würde hervorheben, dass (ii) den gleichen Wert hat wie (i). Statt zu sagen: „Der Satz ‚Kater Maunzer faulenzt im Gras' ist wahr" kann ich auch sagen: „Es ist eine Tatsache, dass Kater Maunzer im Gras faulenzt." Aber das ist nichts anderes als die Umschreibung der Proposition „Kater Maunzer faulenzt im Gras".[116] Redundanztheoretiker würden hervorheben, dass Tarskis Wahrheitskonvention nur die Entdeckung eines logisch gewährleisteten Übergangs sei: von einer Sprache, die den Ausdruck „wahr" enthält zu einer Sprache, die auf diesen Ausdruck verzichten kann, weil es genügt, die in Rede stehende Proposition bzw. den in Rede stehenden Satz zu äußern anstatt diesen Satz in einer Es-ist-wahr-dass-

Kombination zu verwenden. Der Gebrauch des Ausdrucks „wahr" ist aus dieser Sicht überflüssig (redundant), weil er inhaltlich nichts zum Bestehen einer Proposition hinzufügt. Wenn in Frage steht, ob Kater Maunzer im Gras faulenzt, dann tue eine Es-ist-wahr-Konstruktion keinen besseren Dienst als die Wiederholung des in Rede stehenden Satzes.

Auch die Disquotationstheorie, die auf einige Überlegungen Willard V. O. Quines († 2000) zurückgeht, teilt die Einschätzung, dass es letztlich auf die Äußerung der Tatsachenbehauptung „Kater Maunzer faulenzt im Gras" ankommt. Das Wahrheitsproblem wird hier als Übergangsproblem gedeutet: Es sei letztlich ausschlaggebend, vom zitierten Satz wie in (T-ii) zum nicht zitierten Satz wie in (i) zu kommen – eine Operation, die man als „Entfernung der Anführungszeichen" (daher: Disquotation) beschreiben könnte. Tarskis Wahrheitskonvention wäre aus dieser Sicht nichts anderes, als die Bereitstellung eines Schemas, das so etwas ermöglicht.[117]

Beide Ansatzpunkte mögen eigenartig wirken, lösen sie doch das im vorausgehenden Kapitel diagnostizierte Interpretationsproblem durch Umgehung oder Eliminierung des Problems. Die im Beispielsatz (ii) angedeutete zusätzliche Ebene wird entweder als überflüssig eingestuft oder als abschüssig gekennzeichnet. Allerdings halten beide Theorien uns vor Augen, dass wir den Ausdruck „wahr" offensichtlich nicht so gebrauchen können wie inhaltlich gefüllte Prädikate aus unserer alltäglichen Kommunikation. Prädikate dieser Art finden wir bei Ausdrücken wie „rot", „hölzern" oder „Stuhl" – Hilfsmittel, mit denen wir Dinge beschreiben oder – was bisweilen noch wichtiger ist – miteinander in Beziehung setzen oder sortieren können. All das scheinen wir mit dem Ausdruck „wahr" nicht zu tun, weswegen er abstrakter und ärmer wirkt. Mit normalen Prädikatausdrücken verwickeln wir Dinge in Sachverhalte: Durch die Verbindung des Prädikates „faulenzt" mit dem (im weitesten Sinne) Ding „Maunzer" entsteht ein Sachverhalt „Maunzer

faulenzt". Bei der Anwendung des Ausdrucks „wahr"
scheint dergleichen nicht der Fall zu sein. Darin kann man
der Redundanztheorie und der Disquotationstheorie durchaus zustimmen.

Andererseits enthält der Gebrauch des Ausdrucks „wahr"
einen Aspekt, auf den wir nicht verzichten können. Und
dieser Aspekt zeigt uns auch, dass es keine Möglichkeit gibt,
die linke Seite der Tarskischen Äquivalenz zugunsten der
rechten einfach so unter den Tisch fallen zu lassen. Alfred J.
Ayer († 1989) bringt dies treffend auf den Punkt:

> „Viel häufiger verwenden wir aber die Worte ,wahr' und
> ,falsch' und verwandte Ausdrücke nicht dazu, um eine Be-
> hauptung einzuleiten, die wir aufstellen wollen, sondern um
> unsere Zustimmung oder Ablehnung einer Behauptung aus-
> zudrücken, die jemand anders aufgestellt hat. Wir sagen ,Ja,
> das ist wahr' oder ,Nein, das ist nicht wahr' als Antwort auf
> etwas, das zu uns gesagt wurde; oder wir verbinden die Aus-
> drücke ,ist falsch', ,ist wahr' mit der Beschreibung einer Aus-
> sage, so daß sich solche Sätze ergeben wie ,Was er dir erzählt
> hat, ist falsch' […]. Bei einer solchen Verwendung lassen sich
> die Worte ,wahr' und ,falsch' nicht – oder zumindest nicht so
> direkt – eliminieren, und sie scheinen Eigenschaften auszu-
> drücken. Denn während man plausiblerweise sagen kann,
> eine Aussage mit dem Ausdruck ,es ist wahr, daß' einzulei-
> ten, hieße nicht, über die Aussage oder über den Satz reden,
> durch den sie ausgedrückt wird, sondern nur, diese Aussage
> in anderer Form zu machen, gilt das sicher nicht, wenn das
> Wort ,wahr' verwendet wird, um eine schon vorliegende
> Aussage zu kommentieren."[118]

Da Sätze ihren Sinn erst in einem näher bestimmten Kontext
entfalten, kann über Es-ist-wahr-dass-Sätze also auch nur
innerhalb eines spezifischen Gebrauchskontextes befunden
werden. Deshalb sagt der Beispielsatz (ii) „Der Satz ,Kater
Maunzer faulenzt im Gras' ist wahr" gerade nicht dasselbe
wie der Beispielsatz (i) „Kater Maunzer faulenzt im Gras".
Im Kontext einer Diskussion, bei der eine Person *a* behauptet, dass sie Kater Maunzer im Gras faulenzend beobachtet
habe, während eine Person *b* heftig widerspricht, bringt

gerade der Satz (ii) aus dem Munde der Person *a* etwas ins Spiel, was mit der Äußerung von Satz (i) allein noch nicht ausgesagt ist.

Diese Person *a*
- will ihre Aussage, wie sie in (i) formuliert wurde, bekräftigen und einen Standpunkt formulieren, den sie in der Diskussion einzunehmen gedenkt.
- will deutlich machen, dass sie im Falle einer argumentativen Auseinandersetzung eine „Gewinnstrategie" verfolgen wird, die es ihr gestattet, an Satz (i) festzuhalten.
- will sich bestimmten Pflichten, die sich aus dieser Bekräftigung ergeben können, auch beugen – etwa der Pflicht, beweisende Sätze herbeizuziehen.

Äußert nun Person *b* nach einer argumentativen Auseinandersetzung den Satz (ii), so räumt sie ein, dass Person *a* jene Spielzüge ausgeführt hat, die zum Gewinn verholfen haben, so dass Person *b* selbst eine Niederlage eingestehen muss.

Der Ausdruck „wahr" ist, wie schon angedeutet, keine Eigenschaft im üblichen Sinne, auch wenn die Grammatik des Wortes „wahr" so etwas vermuten lässt. Um hier noch zu etwas mehr Klarheit zu gelangen, könnten wir zwischen folgenden Eigenschaftskategorien unterscheiden:

	einfache Eigenschaft	*relationale Eigenschaft*
Eigenschaft erster Stufe	z. B. „rot"	z. B. „angenehm für"
Eigenschaft zweiter Stufe	z. B. „abstrakt"	?

Diese Einteilung erhebt keinen Anspruch auf Vollständigkeit, dennoch ist sie nützlich. Denn sie legt offen, dass wir Eigenschaftszuschreibungen auf verschiedenen Ebenen vornehmen: Ein Stuhl kann rot sein. Aber er kann nicht abstrakt sein. Der Unterschied zwischen erster und zweiter

Stufe ist also durchaus brauchbar. Ähnliches gilt für den Unterschied zwischen einfachen und relationalen Eigenschaften. Die Frage ist nun, ob wir Beispiele für jene Kategorie finden können, die in der obigen Übersicht mit einem Fragezeichen versehen worden ist. Kann man Ausdrücke wie „sinnvoll", „einleuchtend" zu den relationalen Eigenschaften zweiter Stufe zählen? Das gelingt dann, wenn man sie in einen zugehörigen Kontext einbettet: Man kann sich ohne Mühe vorstellen, dass eine Person a und eine Person b darüber in Streit geraten, ob eine Äußerung sinnvoll oder eine Begründung einleuchtend ist. Auch in diesem Fall wird eine Person, die behauptet, ein bestimmter Satz X sei sinnvoll oder eine bestimmte, als Begründung zu wertende Verfugung von Sätzen X, Y und Z sei einleuchtend, eine Gewinnstrategie in einer Diskussion verfolgen etc. Das bedeutet, dass Ausdrücke wie „sinnvoll" oder „einleuchtend" eigentlich umformuliert werden müssten in „sinnvoll für eine Person a bezogen auf eine Diskussion D_m" bzw. „einleuchtend für eine Person a bezogen auf eine Diskussion D_n". Ähnliches müsste auch für den Ausdruck „wahr" gesagt werden; in der Bedeutung dieses Ausdrucks steckt auch eine „verkappte" Relationalität. Damit ist nicht gemeint, dass Wahrheit als etwas nur Subjektives, für eine bestimmte Person Geltendes aufgefasst wird, sondern dass mit dem Wahrheitsbegriff eine Selbstverpflichtung einer Person a für eine bestimmte Diskussion D_o oder D_p und andere damit zusammenhängende Diskussionsbereiche gegeben ist.

Zusammenfassend lässt sich sagen: Der Ausdruck „wahr" funktioniert oberflächengrammatisch wie eine herkömmliche Eigenschaft. Bei genauerer Betrachtung kann gezeigt werden, dass der Ausdruck „wahr" auf einer zweiten Ebene rangiert. Dies ist schon aus der Wahrheitskonvention Tarskis abzulesen. Gerade weil er aber auf einer eigenen Ebene angesiedelt ist, kann auf den Ausdruck „wahr" nicht verzichtet werden. Die Entfaltung seines Gehaltes thematisiert das In-die-Pflicht-Genommensein einer sagenden und erkennenden Person in einem Diskurs.

3.2.2 Adäquations- bzw. Korrespondenztheorie

Die bisherigen Überlegungen sind sehr bewusst auf einer eher sprachlichen Ebene verblieben. Geklärt wurde zunächst nur, dass die Sätze (i) „Kater Maunzer faulenzt im Gras" und (ii) „Der Satz ‚Kater Maunzer faulenzt im Gras' ist wahr" nicht dasselbe besagen. Gesagt wurde aber damit noch nicht, wie der Satz (T-ii) „Der Satz ‚Kater Maunzer faulenzt im Gras' ist wahr genau dann, wenn Kater Maunzer im Gras faulenzt" genau zu verstehen ist. Die rechte Seite der Tarskischen Äquivalenz formuliert eine Tatsachenbehauptung. Aber was ist genau damit gemeint, wenn wir sagen, dass ein Satz eine Proposition ausdrückt und sich auf einen bestehenden Sachverhalt (eine Tatsache) bezieht? Wenn ein Satz eine Proposition ausdrückt, so kann er als sinnvoll gelten. Der Satz „Pegasus ist am Himmel erschienen" drückt eine Proposition aus, während der Satz „Das Balubala reitet auf der Weltsubstanz" das nicht tut, obwohl er syntaktisch korrekt gebildet scheint. Denn bestimmten Ausdrücken wie „Balubala" kann kein Sinn und keine Bedeutung zugesprochen werden, und auch die Formulierung „reitet auf der Weltsubstanz" ist offenkundig sinnlos. Die Frage, ob diese Sätze sich auf eine Tatsache beziehen, berührt eine eigene Ebene: Einem sinnlosen Satz kann man diese Frage nicht mehr stellen, aber für einen sinnvollen Satz lässt sich die genannte Frage nicht automatisch mit „ja" beantworten. Der Satz „Pegasus ist am Himmel erschienen" ist zwar sinnvoll, aber er bezieht sich offensichtlich nicht auf einen bestehenden Sachverhalt, weil es nach allem, was wir bisher wissen und legitimerweise behaupten dürfen, das mythologische geflügelte Pferd Pegasus nicht gibt. Was heißt es also, wenn

114

wir sagen, dass ein Satz sich auf eine Tatsache bezieht, so
dass wir von diesem Satz sagen dürfen, er sei *wahr*?

Die klassische, immer noch hoch in Ehren gehaltene Antwort auf diese Frage stellt die so genannte Adäquations-
oder Korrespondenztheorie der Wahrheit dar. Aus dieser
Sicht würde die rechte Seite von (T-ii) folgendermaßen erläutert bzw. modifiziert:

(T-ii*) Der Satz „Kater Maunzer faulenzt im Gras" ist wahr
genau dann, wenn der Satz mit der Wirklichkeit über-
einstimmt.

Die klassische Formulierung der Korrespondenztheorie
stammt sicherlich von Thomas von Aquin[119] († 1274) und
hat in der Kurzformel „veritas est adaequatio rei et intellec-
tus" („Wahrheit ist die Übereinstimmung/Angleichung von
Sache und Verstand") Eingang in die Literatur gefunden.
Inhaltlich reicht das Konzept sicherlich weit hinter Thomas
von Aquin in die antike Philosophie zurück[120] und entfaltet
seine Wirkung bis in die Gegenwart. In Anlehnung an eine
Schematisierung von Puntel[121] können wir die verschiedenen
Gestalten, in denen die Adäquations- bzw. Korrespondenztheorie auftritt, wie folgt veranschaulichen:

	Übereinstimmung/Entsprechung	
Satz	⟵ ⟶	Sachverhalt
Subjekt		Objekt
Verstand		Sache
Geist		Wirklichkeit
Vorstellung		Ding
Denken		Sein
Bewusstsein		Welt

Die Adäquationstheorie ist, wie diese Übersicht zeigt, so
vielgestaltig, wie es erkenntnistheoretische Theorien und

Ansätze überhaupt sind. Darin liegt womöglich schon eine erste Schwäche dieser Wahrheitstheorie: Man kann kaum von einer leicht identifizierbaren Theorie sprechen, sondern höchstens von einem ähnlichen Struktur- oder Bauprinzip in verschiedenen erkenntnistheoretischen Kontexten. Dennoch liegt die Leistung dieser Theorie unstrittig in dem Versuch, den Verweisaspekt unseres Sprechens, aus dem sich die Wahrheitsfrage ja ergeben hat, näher zu klären. Dazu kommt der Umstand, dass die Adäquations- bzw. Korrespondenztheorie auch intuitiv plausibel zu sein scheint.[122]

Es stellt sich jedoch eine nicht unerhebliche neue Interpretationsschwierigkeit ein, die mit den Ausdrücken „Adäquation" und „Korrespondenz" zu tun hat. Der erste Ausdruck legt irgendwie nahe, dass Wahrheit aus einer Angleichung resultiert. „Gleichheit", der zentrale Transmissionsriemen im Ausdruck „Angleichung", ist als zweistellige Relation auf dem Hintergrund bildtheoretischer Konnotationen zu rekonstruieren: Ein x steht zu einem y in der Relation der Gleichheit, wenn x und y in Hinsicht auf eine relevante Menge M von Eigenschaften übereinstimmen. So können wir beispielsweise sagen, dass ein VW-Käfer einem anderen *gleicht*, weil die beiden Fahrzeuge im Typ, in der Farbe, in Hinsicht auf die Innenausstattung etc. übereinstimmen. Ein sehr strenger Übereinstimmungsbegriff wird eine Eins-zu-Eins-Beziehung zwischen M_x und M_y in Hinsicht auf jedes einzelne Element von M_x und M_y fordern. Aber gibt es einen im Kontext der Wahrheitsfrage verwendbaren Angleichungsbegriff, der solche strengen Auflagen erfüllen kann?

Die neuzeitliche Philosophie – zu denken wäre hier vor allem an Andeutungen bei Descartes, Locke, aber auch Hume – sucht dieser erkenntnistheoretischen Herausforderung z. B. mit dem Begriff der „Vorstellung" beizukommen. Eine Vorstellung ist demnach wahr, wenn sie der Sache entspricht, d. h. wenn zwischen ihr und der Sache, auf die sich die Vorstellung bezieht, eine Gleichheit herrscht. Man könnte das Bild von der Eigenart des menschlichen Geistes, das hier zum Ausdruck kommt, als Bild vom Geist als „Erkenntnis-Museum" bezeichnen. Wir wandeln im Geiste sozusagen von einem Vorstellungs-Saal zum nächsten und bestimmen die Wahrheit unserer Vorstellungen danach, ob das Bild im Museum des Geistes die Wirklichkeit auch treffend abbildet. Aber was heißt hier „treffend"? Nimmt man den strengen Begriff der Gleichheit, den wir oben angesprochen haben, so müssten die Vorstellung und das Ding, auf das sich die Vorstellung bezieht, die gleichen Eigenschaften aufweisen. Aber das ist eine eher irreführende Forderung. So mag ein Stuhl beispielsweise aus Holz sein; die Vorstellung von einem Stuhl jedoch wird, auch wenn sie sich korrekt auf das Ding bezieht, niemals aus Holz sein. Die Angleichung, auf die die Adäquationstheorie anzielt, kann offensichtlich nicht im strikten Sinne der Gleichheit verstanden werden. Zudem konfrontiert uns das Museumsbild von Erkenntnis noch mit einer zweiten Schwierigkeit: Anhand welchen Maßstabes können wir über Gleichheit oder Angleichung befinden? Bräuchten wir dazu nicht einen übergeordneten Schiedsrichterplatz, der es uns gestattet, anhand eines maßgeblichen Musters über das Gelingen der Angleichung zwischen Vorstellung und Ding ein Urteil zu fällen?

Der frühe Ludwig Wittgenstein hat in seinem ersten Hauptwerk eine Art Adäquationstheorie formuliert, die auf einer anderen Grundlage zu operieren versucht. Das Feld, auf dem von Angleichung im weitesten Sinne geredet wird, ist die Sprache. Die Wahrheitsfähigkeit unserer Rede wird von Wittgenstein über einen Bildbegriff erläutert. Unter der Ziffer 2.1 des *Tractatus logico-philosophicus* finden wir folgende Gedanken:

> „2.1 Wir machen uns Bilder von den Tatsachen.
> 2.11 Das Bild stellt die Sachlage im logischen Raume, das Bestehen und Nichtbestehen von Sachverhalten vor.
> 2.12 Das Bild ist ein Modell der Wirklichkeit.

2.13	Den Gegenständen entsprechen im Bilde die Elemente des Bildes.
2.131	Die Elemente des Bildes vertreten im Bild die Gegenstände.
2.14	Das Bild besteht darin, daß sich seine Elemente in bestimmter Art und Weise verhalten.
2.141	Das Bild ist eine Tatsache.
2.15	Daß sich die Elemente des Bildes in bestimmter Art und Weise zu einander verhalten, stellt vor, daß sich die Sachen so zu einander verhalten.
	Dieser Zusammenhang der Elemente des Bildes heiße seine Struktur und ihre Möglichkeit seine Form der Abbildung.
	[...]
2.1511	Das Bild ist *so* mit der Wirklichkeit verknüpft; es reicht bis zu ihr.
2.1512	Es ist wie ein Maßstab an die Wirklichkeit angelegt.
2.15121	Nur die äußeren Punkte und Teilstriche *berühren* den zu messenden Gegenstand.
	[...]
2.1514	Die abbildende Beziehung besteht aus den Zuordnungen der Elemente des Bildes und der Sachen.
2.1515	Diese Zuordnungen sind gleichsam die Fühler der Bildelemente, mit denen das Bild die Wirklichkeit berührt.
2.16	Die Tatsache muß, um Bild zu sein, etwas mit dem Abgebildeten zu tun haben.
2.161	In Bild und Abgebildetem muß etwas identisch sein, damit das eine überhaupt Bild des anderen sein kann.
2.17	Was das Bild mit der Wirklichkeit gemein haben muß, um sie auf seine Art und Weise – richtig oder falsch – abbilden zu können, ist seine Form der Abbildung."[123]

Tatsächlich können wir im Gang der zitierten Überlegungen Wittgensteins eine Verschiebung beobachten: Nicht der Begriff der Gleichheit steht hier im Vordergrund, sondern der Begriff der Entsprechung (Korrespondenz). Diese nicht unbeachtliche Akzentverschiebung bewahrt uns sicherlich vor den ersten Schwierigkeiten, die uns das Museumsbild des

Erkennens bereiten würde. Denn „Entsprechung" lässt einen weiten Deutungsspielraum zu. Ein Lebkuchenstern kann einer Lebkuchenform entsprechen, obwohl der Lebkuchen der Form nicht in jeder Hinsicht gleicht. Es kommt auf eine ganz bestimmte Sicht an – hier auf die Gleichheit der Form. Analoges gilt auch für Wittgensteins Korrespondenzbegriff. Mit dieser Version einer Korrespondenztheorie ist aber nichts weniger gefordert als eine Entsprechung von Sprache und Wirklichkeit auf einer sehr grundsätzlichen Ebene, so dass die Vertretung der Gegenstände durch Zeichen gewährleistet ist. Im Konzept des Elementarsatzes suchte Wittgenstein eine Satzform zu finden, die genau das einlöst, weil sie über einen Fühler verfügt, mit dem sie die Wirklichkeit berührt: „Der Elementarsatz besteht aus Namen. Er ist ein Zusammenhang, eine Verkettung, von Namen."[124] Und an anderer Stelle heißt es: „Der Name vertritt im Satz den Gegenstand."[125] Im Blick auf Wahrheit kann Wittgenstein daher schreiben: „Die Angabe aller wahren Elementarsätze beschreibt die Welt vollständig."[126] Aus der Kombination der Elementarsätze entsprechend den logischen Regeln ergeben sich alle Sätze, die wir überhaupt sinnvoll artikulieren können.[127]

Aber damit stehen wir exakt an der Stelle, an der wir in den Überlegungen zur Wahrheitsdefinition schon einmal angekommen waren. Wittgensteins Verweis auf die hohe Relevanz der Namen ist nichts anderes als der schon bekannte Hinweis auf den an sich immer noch rätselhaften Umstand, dass die Zeichen unserer Sprache eine Verweisfunktion haben und dass sie diese Funktion auch ausüben können, obwohl sie den bezeichneten Dingen in keiner Weise ähnlich sind. Zwei Fragen ergeben sich daraus: Was in der Wirklichkeit benennen wir mit den Zeichen der Sprache? Handelt es sich um Dinge oder Ereignisse? Und wie kommt die Verbindung zwischen Zeichen und Benanntem zustande? Eine Antwort auf diese Frage wird nicht umhin kommen, den erkennenden und sprechenden Menschen als

Hauptinstanz dieser Verbindung „in Rechnung zu stellen". Daraus ergeben sich erhebliche Konsequenzen. Denn die Korrespondenztheorie rührt hier an ein anderes, bis heute nicht ausgestandenes Problem: die Kontroverse zwischen Realismus und Idealismus.[128] Der Realismus geht grundsätzlich davon aus, dass die Dinge „unabhängig" vom Menschen und seiner Erkenntnis sind – unabhängig von ihm existieren und unabhängig vom Menschen so sind, wie sie sind. Idealismus ist nicht unbedingt das glatte Gegenteil des realistischen Standpunktes – gewiss, als glattes Gegenteil kam er in der Philosophiegeschichte auch vor –, sondern vor allem ein Einspruch gegen ein Insistieren auf der Unabhängigkeit der Wirklichkeit.[129] Stattdessen macht der Idealist bewusst, dass unsere „Erfassung" *der* Wirklichkeit relativ ist zu unseren Begriffen, zu unserer Sprache oder zu unserer Kultur. Die offene Flanke der Korrespondenztheorie, ihre Basisprobleme, resultieren aus der Tatsache, dass der Realismus auf schwankendem Boden steht. Wo anders als im menschlichen Zugehen auf die Welt – ein Zugehen, das durch menschliches Handeln, menschliche Kultur und menschliche Lebensformen vermittelt ist – sollte der „Fühler" zu finden sein, mit dem die Namen als Sprachgebilde nach den Dingen in der Wirklichkeit tasten?

Ein bemerkenswerter Versuch, die Korrespondenztheorie auf ein neues, sicheres Gleis zu stellen, stammt von Wilfrid Sellars († 1989). Er diskutiert ausführlich die Frage, wie wir den strittigen Ausdruck „Korrespondenz" verstehen können.[130] Sein eigener Vorschlag fußt auf einem Gedankenexperiment[131]: Stellen wir uns einen Superschreiber vor, der in der Lage ist, jeden Wahrnehmungseindruck sofort zu notieren, auch wenn dieser Eindruck nur den Bruchteil einer Sekunde anhält und danach durch einen anderen abgelöst wird. Stellen wir uns zudem vor, dass der Superschreiber den Gegenständen dadurch Namen gibt bzw. dass er die Indexausdrücke „hier" und „jetzt" dadurch ersetzt, dass er Raum- und Zeitkoordinaten angibt. Jeder Gegenstand wäre dann durch vier Zahlen (drei für den Raum, eine für die Zeit) identifizierbar. Und ein einfaches Wahrnehmungsurteil hätte die Form: „$\langle 2, 5, 9; 4 \rangle$ ist grün". Sellars lädt uns dazu ein, uns zudem vorzustellen, dass dieser Superschreiber keine Zahlzeichen verwendet, sondern ein anderes System, das verschiedene Zahlen durch verschiedene Striche kenntlich macht: $\langle O''$, O'''', O''''''''; $O''''\rangle$.[132] An diesem Punkt, so betont Sellars, „sehen wir, daß sich in der Vielfältigkeit der Inschriften die Vielfältigkeiten von *Herzschlägen* und *Schritten* widerspiegeln, durch die sich die Ereignisse unterscheiden, von denen wir – aus einer externen Betrachtungsweise heraus – wissen, daß sich die Inschriften auf sie beziehen."[133] Auf diese sehr elementare Weise sucht Sellars darzulegen, wie die Sprache zum Abbild der Wirklichkeit werden kann. Dabei ist es wichtig, den Transmissionsprozess klar vor Augen zu haben: Wirklichkeitsdaten werden in einen sprachlichen Zeichencode „übertragen", der auf einer grundsätzlichen Ebene die Struktur der Wirklichkeit widerspiegelt: „Und wirklich scheinen mir angesichts unserer Annahme die von unserem idealen Schreiber realisierten tatsächlichen Gleichförmigkeiten Gegenstücke zu den ‚Projektionsregeln' zu sein, denen zufolge eine Gruppe von Inschriften als Projektion des raum-zeitlichen Bereichs angesehen werden kann, in dem der Schreiber sich beobachtend und folgernd bewegt hat."[134]

Sellars scheint hier einen urtümlichen Sinn von „Korrespondenz" rekonstruiert und aufgewiesen zu haben. Seine Überlegungen zielen darauf ab, dass wir unter Korrespondenz eine Art Strukturentsprechung zu verstehen haben: Eine Struktur$_A$ entspricht einer Struktur$_B$, weil wir den Struktur$_A$-Elementen Struktur$_B$-Elemente zuordnen können. So weit, so gut. Aber damit ist nicht geklärt, nach welchen Regeln und welcher Norm die Zuordnung erfolgt. Sellars spielt faktisch auf eine strukturelle Ähnlichkeit an: Raum- und Zeitpunkte lassen sich zählen, Zahlen lassen sich graphisch darstellen. Differenzierungen im graphischen System sollen reellen Differenzen in den Raum- und Zeit-Koordinaten entsprechen. Ist die Zählbarkeit also das Bindeglied oder wenigstens eines der wichtigsten Bindeglieder zwischen Wirklichkeit und Sprache? Darauf könnte man mit einem Einspruch des späten Wittgenstein antworten:

„[D]as, was wir »zählen« nennen, ist […] ein wichtiger Teil der Tätigkeiten unseres Lebens. Das Zählen, und Rechnen, ist doch – z. B. – nicht einfach ein Zeitvertreib. Zählen (und das heißt: *so* zählen) ist eine Technik, die täglich in den mannigfachsten Verrichtungen unseres Lebens verwendet wird. Und darum lernen wir zählen, wie wir es lernen: mit endlosem Üben, mit erbarmungsloser Genauigkeit […]. – »Aber ist dieses Zählen also nur ein *Gebrauch*; entspricht dieser

Folge nicht auch eine Wahrheit?« Die *Wahrheit* ist, daß das Zählen sich bewährt hat. – »Willst du also sagen, daß ›wahr-sein‹ heißt: brauchbar (oder nützlich) sein?« – Nein; sondern, daß man von der natürlichen Zahlenreihe – ebenso wie von unserer Sprache – nicht sagen kann, sie sei wahr, sondern: sie sei brauchbar und, vor allem, *sie werde verwendet.*"[135]

Wittgenstein verwirft hier alle Abbildungstheorien in Bausch und Bogen. Das Zählen ist eine menschliche Tätigkeit wie das Sprechen. Mit der Sprache werfen wir ein Netz über „die" Wirklichkeit. Und wir fangen das ein, was das Netz fassen kann. Das Netz ist kein Bild der Wirklichkeit, sondern ein Werkzeug zu seiner Erschließung – ein Werkzeug, das bisweilen auch unbrauchbar werden kann. Sellars' Strukturanalogie funktioniert also nur, weil wir schon über eine gemeinsame Praxis der Sprache verfügen, die uns Strichreihen als Zahlen-äquivalente erkennen und gebrauchen lässt. Sellars übersieht aber, dass die Regeln der Zeichenbenutzung ganz aus dieser Praxis stammen. Statt „O′, O′′ …" könnten wir auch „O•, O* …" schreiben, wenn wir in einer Kommunikations- und Sprachpraxis stünden, die „O•, O* …" als Zahlzeichen ver-steht. Aber kann man aus der Notation von „O•, O* …" noch eine Strukturgleichheit ablesen?

Neben den so genannten Basisproblemen, die mit dem Kon-zept des „Fühlers", der es uns gestatten soll, dass wir mit der Sprache „die" Wirklichkeit berühren können, verbunden ist, und neben dem undurchsichtigen Konzept der Adäquation oder Korrespondenz gibt es weitere Probleme, die die Adä-quations- bzw. Korrespondenztheorie der Wahrheit nicht lösen kann. Nicholas Rescher bietet eine Problemliste, deren Kenntnis uns dazu nötigt, nach einer anderen Theorie Aus-schau zu halten[136]:

1. Das Korrespondenzkonzept funktioniert nicht bei All-Sätzen. Was in der Wirklichkeit lässt sich als Struktur-äquivalent zu dem Satz „Alle Katzen faulenzen gern" verstehen, wenn wir bedenken, dass wir nur jeweils Ein-zelwahrnehmungen vor unseren Augen haben können.
2. Das Konzept funktioniert nicht bei Sätzen über Vergan-genes. Denn in diesem Fall haben wir kein uns gegenwär-

tiges Erfahrungsgegenstück für unseren Satz zur Verfügung.
3. Das Konzept arbeitet nicht in den Fällen, in denen wir über Wahrscheinlichkeiten reden.
4. Das Konzept eignet sich nicht für die Fälle, in denen wir über Notwendigkeiten oder Möglichkeiten sprechen.
5. Das Konzept passt nicht bei hypothetischen und bedingten Aussagen. Das wird ganz besonders am Irrealis deutlich: „Wenn Kater Maunzer nicht im Gras gefaulenzt hätte, hätte er in der Küche die Maus erwischt" ist ein wahrer Satz, obwohl es keine Wahrnehmungspunkte (oder etwas dergleichen) in der Wirklichkeit gibt, die wir diesem Satz zuordnen könnten.

Die hier genannten Fälle sind keineswegs Randphänomene unseres Sprechens. Auch für diese Fälle benutzen wir die Prädikate „wahr" und „falsch". Jedoch lässt sich hier „Wahrheit" nicht in hinreichender Weise als Übereinstimmung mit *den Tatsachen* oder als Korrespondenz mit *Gegenständen in der Wirklichkeit* erklären. Vielleicht kann man prinzipiell am Konzept von Wahrheit als einer „Übereinstimmung mit der Wirklichkeit" festhalten, aber es scheint keinen Weg zu geben, diesen Slogan auf der gleichen Ebene in tragfähige Begriffe zu verwandeln.

3.2.3 Konsenstheorie

Zu den Kerngedanken der Konsenstheorie, deren Formulierung in wesentlichen Zügen auf Jürgen Habermas zurückgeht[137], gehört einerseits die Kritik an der Korrespondenztheorie der Wahrheit und andererseits jene Entdeckung, die wir schon im Rahmen der Ausführungen zur Redundanz- bzw. Disquotationstheorie berührt haben: Wahrheit wird erst auf einer besonderen diskursiven Ebene zum Thema.

In Hinsicht auf die Fragwürdigkeiten einer Korrespondenztheorie greift Jürgen Habermas eine Kritik von Peter F. Strawson auf und führt sie weiter:

„Wenn wir dem Terminus ‚Wirklichkeit' keinen anderen Sinn beilegen können als den, den wir mit Aussagen über Tatsachen verbinden, und die Welt als Inbegriff aller Tatsachen auffassen, dann könnte das Korrespondenzverhältnis zwischen Aussagen und der Realität wiederum nur durch Aussagen bestimmt werden. Die Korrespondenztheorie der Wahrheit versucht vergeblich, aus dem sprachlogischen Bereich auszubrechen, innerhalb dessen der Geltungsanspruch von Sprachakten allein geklärt werden kann."[138]

Habermas deutet hier schon ein weiteres Problem an: Die Wahrheitsfrage ist eine Geltungsfrage. Sie kann nur dort gestellt und beantwortet werden, wo Geltungsfragen ihren Ort haben. Dieser ist jedoch nicht der Ort eines einfachen, alltäglichen Informationsaustausches. Fragt mich jemand: „Hast du die Tür geschlossen?", so antworte ich vielleicht: „Ja, sicher, gerade eben habe ich sie geschlossen." Dieses Frage- und Antwortspiel ist eine relativ vertraute kommunikative Handlungssituation. Auf dieser Ebene des kommunikativen Handelns geht es aber noch nicht um Geltungsfragen. Diese kommen erst dort ins Spiel, wo der kommunikative Vorgang reflektiert, (selbst-) kritisch beleuchtet oder auf Störungen hin befragt werden muss.

Gerade diese Herausstreichung des Geltungsaspektes führt bei Habermas zu drei zentralen Thesen:

„1. These. Wahrheit nennen wir den Geltungsanspruch, den wir mit konstativen Sprechakten verbinden. [...]
2. These. Wahrheitsfragen ergeben sich erst, wenn die in Handlungszusammenhängen naiv unterstellten Geltungsansprüche problematisiert werden. [...]
3. These. In Handlungszusammenhängen informieren Behauptungen über Gegenstände der Erfahrung, in Diskursen stehen Aussagen über Tatsachen zur Diskussion. Wahrheitsfragen stellen sich daher im Hinblick nicht sowohl auf die innerweltlichen Korrelate handlungsbezogener Kognition, als vielmehr auf Tatsachen, die erfahrungsfreien und handlungsentlasteten Diskursen zugeordnet

> sind. Darüber, ob Sachverhalte der Fall oder nicht der Fall sind, entscheidet nicht die Evidenz von Erfahrungen, sondern der Gang von Argumentationen."[139]

Das für unseren Zusammenhang Entscheidende wird mit der dritten These gesagt: Auf der Ebene des Geltungsdiskurses geht es nicht mehr um Erfahrungen als solche, sondern um die Geltung eines Verweisens auf Erfahrung. Habermas leugnet keineswegs, dass zu unserer Erkenntnis ein Input aus der Wirklichkeit oder der Welt der Dinge – wie immer wir das nennen mögen – gehört, aber er hält fest, dass die Wahrheitsfrage nicht auf dieser, sondern einer höheren Ebene angesiedelt ist. Normale Erfahrungssätze behaupten eine Erfahrung mit Gegenständen in der Welt, sie *unterstellen* einen Geltungsanspruch. Aber unter gewissen Umständen kann dieser Geltungsanspruch in Zweifel gezogen werden. Wo er selbst zum Thema wird, sind nicht mehr die Gegenstände der erfahrbaren Welt das Thema. Nicht der Bezug auf sie, sondern eine erfolgreiche Argumentation innerhalb eines Geltungsdiskurses entscheidet dann über die Aufrechterhaltung des Geltungsanspruches.[140] Habermas sieht durchaus ein Kernanliegen der klassischen Korrespondenztheorie in dem Versuch, eine tragfähige Brücke zwischen „der" Sprache einerseits und „der" Wirklichkeit andererseits sicherzustellen. Aber diese Brücke wird nicht durch Wahrheit errichtet, sondern schlicht durch unser Sprach-, Begriffs- und Zeichensystem, sofern es sich als brauchbar erweist.[141] Wo eine Unbrauchbarkeit in der Form einer kommunikativen Störung auftritt, dort kommt es zum Überstieg auf jene Diskursebene, zu welcher die Wahrheitsfrage gehört. Es wird ein Diskurs sein, der sich angesichts einer möglichen Unbrauchbarkeit unserer Begriffe mit den entsprechenden Geltungsfragen auseinander zu setzen hat.[142]

Aus Habermas' Sicht ließe sich Tarskis Wahrheitskonvention (T) für unseren Beispielsatz „Kater Maunzer faulenzt im Gras" wie folgt modifizieren:

> (T-ii**) Der Satz „Kater Maunzer faulenzt im Gras" ist wahr genau dann, wenn der mit dem Satz erhobene Geltungsanspruch diskursiv (d. h. argumentativ) eingelöst werden kann.

Natürlich erfordert (T-ii**) auch die Angabe eines Kriteriums für Wahrheit. Denn es stellt sich ja ganz automatisch die Frage, ob und wie und wann ein Geltungsanspruch als eingelöst angesehen werden darf. Vor allem in Hinsicht auf diese Frage wird der Begriff des Konsenses relevant, der dieser Wahrheitstheorie auch ihren Namen gegeben hat. So kann man mit (T-ii**) ein entsprechendes Kriterium (T-K**) in Verbindung bringen, das aus der Perspektive der Konsenstheorie etwa so lauten dürfte:

> (T-K**) Der Satz „Kater Maunzer faulenzt im Gras" ist wahr genau dann, wenn über die Geltung dieses Satzes ein Konsens herbeigeführt werden kann.

Für unseren Beispielsatz „Kater Maunzer faulenzt im Gras" ergäbe sich etwa folgendes Bild: Die Wahrheitsfrage wird erst dann zum Thema, wenn eine Person *a* diesen Satz als Behauptung ausspricht und eine Person *b* die Geltung dieser Behauptung in Zweifel zieht. An dieser Stelle muss ein Geltungsdiskurs eröffnet werden, in den *a* und *b* eintreten. Dort muss argumentativ über die Geltung der in Rede stehenden Behauptung entschieden werden. In der Diskussion werden die Personen *a* und *b* also nach begründenden und widerlegenden Sätzen Ausschau halten. Solche Sätze können gegebenenfalls Erfahrungssätze sein, aber es sind nie die Erfahrungen bzw. Wahrnehmungen als solche, sondern immer nur Sätze, die davon handeln. Die Diskussion kann aber auch soweit gehen, dass sie die Brauchbarkeit bestimmter Konzepte (kognitiver Schemata) wie „Kater" oder „Faulenzen" zur Disposition stellt, sobald sich herausstellt, dass *a* und *b* nicht dieselbe Bedeutung damit verknüpfen können oder dass die Benutzung dieser Konzepte gestört ist. Erst der schlussendlich erzielte Konsens entscheidet über die Geltung und damit über die Wahrheit des in Frage stehenden Satzes.

Habermas zufolge ist es notwendig, den Begriff des Konsenses normativ zu verstehen:

> „Wenn wir unter ‚Konsens‘ jede zufällig zustande gekommene Übereinstimmung verstehen würden, könnte er offensichtlich als Wahrheitskriterium nicht dienen. Deshalb ist ‚diskursive Einlösung‘ ein normativer Begriff; die Übereinstimmung, zu der wir in Diskursen gelangen können, ist allein ein *begründeter Konsensus*.“[143]

Weil der Konsens normativ ist, also eine Art von ethischem Anspruch erhebt, steht jeder Diskurs, der eben diesem Ziel einer argumentativ herbeigeführten Begründung eines Geltungsanspruches dient, unter einigen gewichtigen Voraussetzungen:

> „1. Alle potentiellen Teilnehmer eines Diskurses müssen die gleiche Chance haben, kommunikative Sprechakte zu verwenden, so daß sie jederzeit Diskurse eröffnen sowie durch Rede und Gegenrede, Frage und Antwort perpetuieren können.
> 2. Alle Diskursteilnehmer müssen die gleiche Chance haben, Deutungen, Behauptungen, Empfehlungen, Erklärungen und Rechtfertigungen aufzustellen und deren Geltungsansprüche zu problematisieren, zu begründen oder zu widerlegen, so daß keine Vormeinung auf Dauer der Thematisierung und der Kritik entzogen bleibt. […]
> 3. Zum Diskurs sind nur Sprecher zugelassen, die als Handelnde gleiche Chancen haben, repräsentative Sprechakte zu verwenden, d. h. ihre Einstellungen, Gefühle und Wünsche zum Ausdruck zu bringen. […]
> 4. Zum Diskurs sind nur Sprecher zugelassen, die als Handelnde die gleiche Chance haben, regulative Sprechakte zu verwenden, d. h. zu befehlen und sich zu widersetzen, zu erlauben und zu verbieten, Versprechen zu geben und abzunehmen, Rechenschaft abzulegen und zu verlangen usf.“[144]

Diese Voraussetzungen sind durchaus enorm. Ihre Erheblichkeit birgt in sich schon Potenzial für die Kritik an der so genannten Konsenstheorie der Wahrheit. Denn sobald man die genannten Voraussetzungen weiter spezifiziert und konkretisiert oder sobald man ihre weiteren Grundlagen einholt, steht man vor schwerwiegenden Bedingungen, denen der gelingende Diskurs unterliegt[145]:

(i) Die Teilnehmer des Diskurses müssen sich an die *Diskursregeln halten wollen* und auch halten.

(ii) Der Diskurs darf nur *argumentativ* geführt werden, so dass *nicht Machtpositionen*, sondern gute Gründe für die Einlösung eines Geltungsanspruches sorgen.

(iii) Die Diskursteilnehmer müssen *aufrichtig* sein und sich mit dem Ziel des Diskurses identifizieren.

(iv) Die Diskursteilnehmer müssen versuchen, neben der Ausgewogenheit der Kommunikationssituation auch eine entsprechend *ausgewogene* (Vor-)*Wissenssituation* herzustellen, damit eine Chancengleichheit wirklich gegeben ist.

(v) Die Qualität des Konsenses lässt sich kaum von der Stärke (der Quantität) der Zustimmung trennen. Daher scheint es geboten, einen Konsens mit *möglichst vielen Teilnehmern* zu versuchen.

Diese Liste ließe sich noch erweitern. Die genannten fünf Aspekte mögen ausreichen, um zu zeigen, dass in Habermas' direkt genannten oder implizit thematisierten Voraussetzungen eine erhebliche Idealisierung im Hinblick auf menschliche Kommunikationspraxis steckt, so dass wir (T-K**) eigentlich so niederschreiben müssten:

(T-K**-I) Der Satz „Kater Maunzer faulenzt im Gras" ist wahr genau dann, wenn über die Geltung dieses Satzes ein Konsens herbeigeführt werden kann – und zwar im Rahmen eines Diskurses, an dem nur moralisch (in Hinsicht auf die verlangte Aufrichtigkeit) integre, die Rechte Anderer anerkennende, über ausreichendes Wissen verfügende oder das Wissensgefälle stets nivellierende Subjekte teilnehmen.

Ein derartiger Idealisierungsaspekt scheint das Kriterium eines gelingenden Konsenses aus jeder menschlichen Reichweite zu entfernen. Allerdings gibt es aus dem Bereich der alltäglichen Kommunikation durchaus Beispielfälle, die belegen könnten, dass eine derart ideale Situation vielleicht doch punktuell herbeigeführt werden kann. Denn die Gebote der Aufrichtigkeit, der Fairness, der Wissensfreigebigkeit sind ja immer nur themenbezogen eingefordert: Um z. B. an einem Diskurs über den Satz „Kater Maunzer faulenzt im Gras" teilzunehmen, muss ich nichts über Quantenphysik wissen. Ich sollte aber wissen, wie der genannte Kater aussieht, was er gerne tut, wo er sich mit Vorliebe aufhält etc. Und ich sollte mir sicher sein, dass ich Kater Maunzer nicht beständig mit Dackel Wastl verwechsle oder dazu neige, Begriffe wie „Kater" und „Dackel" durcheinander zu werfen, um als aufrichtiger und verlässlicher Gesprächspartner am Diskurs teilnehmen zu können. Gravierender wirkt sich der Idealisierungsaspekt dort aus, wo die Grenzen alltäglicher Behauptungen überschritten werden: z. B. in der Konfrontation verschiedener religiöser Überzeugungen, im Widerstreit unterschiedlicher ethischer Sollensaussagen oder bei komplexen wissenschaftlichen Behauptungen. Auf diesen Feldern kann der Idealisierungsaspekt so deutlich zu Buche schlagen, dass er das Erreichen eines Konsenses für immer zu vertagen droht, weil jeder erreichte Konsens außerordentlich provisorisch wirkt. Habermas' Gebot einer ständig mitlaufenden Selbstkritik, der sich ein schon erreichter Diskurs zu unterziehen habe[146], hält zwar die Tür offen, um ideologische Selbstabriegelung zu vermeiden, liefert aber kein Wahrheitskriterium, das dem Idealisierungsvorbehalt auch nur annähernd gewachsen ist.

Ein weiteres, noch gewichtigeres Problem tut sich mit

der Frage auf, wie die genannten Voraussetzungen der Diskursteilnahme ihrerseits begründet werden sollen. Denn Habermas bezieht Geltungsdiskurse nicht nur auf Aussagen über Faktisches, sondern auch auf Aussagen über Gesolltes. Denkt man die Konsenstheorie konsequent weiter, so kann nur wiederum ein erfolgreicher Konsens die Geltung der Diskursvoraussetzungen verbürgen. Aber dieser Metadiskurs D_2 steht seinerseits schon unter den Voraussetzungen für den Diskurs D_1 – also unter Voraussetzungen, deren Geltung er eigentlich erst argumentativ erweisen wollte. Das bedeutet: Es bedarf einer Instanz, die die Voraussetzungen eines auf Konsens zielenden Diskurses vorschreibt und ihre Geltung schon vor- und außerhalb jedes Konsenses verbürgt. Anders gewendet: Um zur Wahrheit zu kommen, muss der Konsens Wahrheit schon voraussetzen. In einer später verfassten Publikation hat Habermas das Problem gesehen und auf folgenden Nenner gebracht:

> „Gestörte Handlungsgewißheiten verwandeln sich auf diskursiver Ebene in kontroverse Geltungsansprüche […]; diese werden diskursiv geprüft und gegebenenfalls eingelöst, so daß die akzeptierten Wahrheiten in den Handlungskontext zurückkehren können […]. Nach wie vor erklärungsbedürftig ist die geheimnisvolle Kraft des diskursiv erzielten Einverständnisses, das die Argumentationsteilnehmer dazu *autorisiert*, in der Rolle von Aktoren gerechtfertigte Behauptungen vorbehaltlos zu akzeptieren. Denn aus der handlungstheoretischen Beschreibung wird klar, daß die Argumentation die Rolle einer *Entstörung* von problematisch gewordenen Handlungsgewißheiten nur erfüllen kann, wenn sie an Wahrheit in einem kontextunabhängigen Sinne […] orientiert ist."[147]

Die geheimnisvolle Kraft des diskursiven Konsenses verdankt sich zu einem nicht geringen Teil der Kraft eben jener Voraussetzungen, die als Zulassungsbedingungen zeitlose und kontextübergreifende Geltung beanspruchen.[148] Doch woher soll diese Geltung stammen? Wir brauchen als Haltepunkt ein Gegenstück zu dem, was Ludwig Wittgenstein als Appellationsinstanz in unaufklärbar erscheinenden Bedeutungs-, Übersetzungs- und Handlungsfragen eingeführt hat: die gemeinsame menschliche Handlungsweise.[149] Vielleicht könnte man diese Instanz auf dem Feld normativer Ansprüche „menschliche Natur" nennen – eine Größe also, die inhaltlich jene elementaren Diskursvoraussetzungen verbürgt und die wir nicht übergehen können, ohne uns selbst zu verraten. Diese Größe wird – hier kann man Wittgensteins Programm folgen – vor allem dann bemerkt, wo versucht wird, den Menschen als Menschen aus dem Argumentationsgang eines Diskurses herauszustreichen.

Habermas selbst hat versucht, den normativen Hintergrund seines diskurstheoretischen Ansatzes durch zwei verschiedene Leitbegriffe entsprechend einzufassen. Dabei ist – obwohl in jedem Fall der Diskurs der Ort der einzulösenden Geltungsansprüche bleibt – der Fall widerstreitender Tatsachenbehauptungen vom Fall widerstreitender Anerkennung von Gesolltem zu unterscheiden. Für den ersten Fall bildet der Begriff der „objektiven Welt" einen Leitstrahl. Aus ihm lässt sich eine Antwort entwickeln auf die Frage, warum wir uns bei widerstreitenden Tatsachenbehauptungen ins Benehmen setzen und um Einigung ringen sollen. In ihm enthalten ist ein diskursüberschreitendes Leitbild, das besagt, dass eine Pluralität von Tatsachenbehauptungen, die diese unversöhnlich nebeneinander stehen lässt, dem eigentlichen Ziel von Erkenntnis im Grunde zuwiderläuft.[150] Durch die Hintertür kommt hier die realistische Intuition, wie sie in der Korrespondenztheorie der Wahrheit konserviert ist, wieder herein – und zwar im Sinne einer unaufgebbaren Zielsetzung: Unser Erkennen und unsere Begriffe sind auf das Erfassen der Wirklichkeit ausgerichtet. Unter dem Kürzel „objektive Welt" verbirgt sich dabei die Einsicht, dass wir uns mit einem Auseinanderfallen unserer Tatsachenbehauptungen in eine Mehrzahl unvereinbarer Geschichten oder Weltbilder nicht zufrieden geben dürfen. Um das zu verhindern, ist ein Geltungsdiskurs notwendig, der für eine Verbindung der verschiedenen oder vermeintlich verschiedenen Perspektiven sorgen soll. Vor diesem Hintergrund kann die Konsenstheorie im Grunde als Aus- oder Weiterbuchstabierung der Korrespondenztheorie verstanden werden, der es als solcher ja nicht gelang oder gelingt, den großen Schein der Korrespondenz mit „der" Wirklichkeit in die kleinen Münzen des Wirklichkeitsbezuges und Wirklichkeitskontaktes unserer Sätze zu wechseln.

Im Rahmen der diskurstheoretischen Einlösung von Geltungsfragen im Bezug auf Gesolltes und Normatives sieht Habermas jedoch keine diskursjenseitige Instanz gegeben. Was bei widerstreitenden Tatsachenbehauptungen das Leitbild einer objektiven Welt ist, ist bei widersprechenden Sätzen über Gesolltes der Begriff der *Anerkennungswürdigkeit* und *Gerechtigkeit*, der den Diskurs selbst formt. Dabei geht es nicht nur darum, verschiedene Perspektiven miteinander zu verzahnen, sondern auch die Perspektiven des jeweils Anderen einzunehmen.[151] Der Dreitakt der Begriffe Anerkennungswürdigkeit – Gerechtigkeit – Perspektivenwechsel kann tatsächlich ein Fundament bilden für die Zulassungsvoraussetzungen der Diskursteilnahme und die Regeln für den diskursiven Konsensfindungsprozess. Dieser Dreitakt ist aber seinerseits nicht mehr diskursiv begründbar, sondern die *unbedingte* Voraussetzung für jeden Diskurs. Aber woher stammt sie? Sicherlich kann man sie ablesen aus der Praxis gelingender Verständigung. Aber dann wäre doch ein plausibler, diesen Dreitakt einfassender und das Leitbild der objektiven Wirklichkeit im Falle widerstreitender Tatsachenbehauptungen mit umfassender Begriff wünschenswert, aus dem sich diese Leitbilder und Leitbegriffe gewissermaßen ableiten lassen. Der Schritt zu Wittgensteins „gemeinsamer menschlicher Handlungsweise" ist von hier aus nicht mehr weit.

Ein drittes Problem bezüglich der Konsenstheorie der Wahrheit stellt sich als Anfrage auf einer eher formalen Ebene ein: Ist die Bezugnahme auf „Konsens" Teil einer Definition von Wahrheit oder handelt es sich nicht vielmehr um die Angabe eines notwendigen – aber in seiner Ausschließlichkeit vielleicht gar nicht hinreichenden – Wahrheitskriteriums?

3.2.4 *Kohärenztheorie*

Eine derartige Anfrage richtet sich von vornherein an die vierte, hier vorzustellende Wahrheitstheorie. Sie hat eine gewisse philosophische Tradition, die im 20. Jahrhundert nicht nur in die idealistische Philosophie (z. B. Francis H. Bradley oder Brand Blanshard), sondern auch in die Grundlagendiskussion des so genannten logischen Positivismus (Otto Neurath) zurückreicht.[152] Darüber hinaus lassen sich ohne

Mühe in den großen idealistischen Systembildungen (besonders bei Hegel) und schon bei Kant Überlegungen finden, die in diese Richtung weisen.

Wenn die Wahrheit eines Satzes wie „Kater Maunzer faulenzt im Gras" zur Disposition bzw. Diskussion steht, dann können wir uns nicht einfach auf Erfahrungen oder Wahrnehmungen berufen, um den Geltungsanspruch zu rechtfertigen. Wir werden vielmehr auf Sätze p, q, r zurückgreifen, von denen wir *behaupten*, dass sie Erfahrungen oder Wahrnehmungen *ausdrücken*. Diese Sätze p, q, r enthalten die Erfahrungen genauso wenig, wie ein Plan der Stadt München die Stadt München enthält. Ein Stadtplan steht zwar in einem Repräsentationsverhältnis. Aber die Weise der Repräsentation und die Rolle eines repräsentierenden Instruments sind ganz und gar von unserer menschlichen Praxis des Repräsentierens geprägt. Die genannten Sätze nehmen vielmehr eine bestimmte Rolle in einem System S ein. Und diese Rolle ist nicht unabhängig von unserem Umgang mit Sätzen innerhalb des Systems S. Ausgehend von dieser Einsicht ließe sich eine Brücke schlagen zum externalistischen Kohärentismus im Spektrum des Wissensbegriffes.

Auf die Basisintuitionen der Kohärenztheorie hat sehr deutlich vor allem Donald Davidson[153] hingewiesen:

(i) Wir begründen den Wahrheitsanspruch von Sätzen mit *Sätzen*. Es gibt keinen einfachen Kontakt von Sätzen mit „der Wirklichkeit".

(ii) Natürlich kann niemand bestreiten, dass Erfahrungen oder Wahrnehmungen eine wichtige Grundlage für unsere Erkenntnis bilden. Aber Erfahrungen und Wahrnehmungen sind *Ursachen* dieses Wissens, keineswegs Gründe.

(iii) Weil es einen Unterschied zwischen *Ursachen* und *Gründen* gibt, kann der Zusammenhang zwischen Sätzen und Erfahrungen nicht logischer Art sein. Zusammenhänge logischer Art ergeben sich erst auf der Ebene, wo Sätze mit Sätzen in Verbindung gebracht werden.

(iv) Die Wahrheitsfrage ist eine Frage, die – streng genommen – ausschließlich auf dieser logischen Ebene angesiedelt ist, weil sie es mit Sätzen und dem Geltungsanspruch von Sätzen zu tun hat.

(v) Genau das berücksichtigt eine Kohärenztheorie der
Wahrheit. Die Frage nach der Übereinstimmung unserer
Urteile bzw. Sätze mit der Wirklichkeit muss in eine
Form gegossen werden, die es erlaubt, die so genannte
Übereinstimmung als Zusammenhang von Sätzen mit
Sätzen kenntlich zu machen.

Die Kohärenztheorie würde für unseren Beispielsatz „Kater
Maunzer faulenzt im Gras" Tarskis Wahrheitskonvention in
folgende Richtung modifizieren:

(T-ii***) Der Satz „Kater Maunzer faulenzt im Gras" ist
wahr genau dann, wenn der genannte Satz in einem
logischen / begrifflichen / inhaltlichen Zusammenhang mit anderen Sätzen in einem System S steht.

Diese Modifikation wirft aber schon bei flüchtiger Betrachtung die Frage auf, ob hier nicht doch eher von einem Wahrheitskriterium als von einer Definition von „Wahrheit" gesprochen werden müsste. Nicholas Rescher – einer der
prominentesten zeitgenössischen Verfechter der Kohärenztheorie – räumt die in der Frage angedeutete Feststellung
ein, gibt aber zu bedenken, dass wir in manchen Fällen Definition und Kriterium nur unter äußerster Abstraktion voneinander trennen können und dass wir bisweilen Begriffs-
bestimmungen nur dann einigermaßen vollständig geleistet
haben, wenn wir auch die zugehörigen Kriterien angeben
können:

„Die Bedeutung eines Wortes oder Begriffes zu erkennen, ist
erst die halbe Angelegenheit: wir wollen es auch *anwenden*
können. Der Höfling weiß ganz genau, was es *bedeutet*, ‚in
der Gunst des Königs zu stehen'; er will wissen, wie man das
erreicht. Immer, wenn die Bedeutungsangabe eines Begriffes

es nicht erlaubt, seine Verwendungsregeln festzulegen, bleibt das Problem der Kriterien wesentlich; vielleicht sogar – wenn auch in einem weiteren Sinne – für die Bedeutungsfrage selbst […]. Dieser Gedanke gilt auch für den Ausdruck: ‚ist wahr‘."[154]

Dieser von Rescher klar herausgestellte Zusammenhang kann auch erklären, warum die Kohärenztheorie (wie auch die Konsenstheorie) nicht unbedingt als Konkurrentin zur Korrespondenztheorie angesehen werden muss. Man kann durchaus am Begriff der „Übereinstimmung unserer Urteile mit der Wirklichkeit" festhalten und doch die Kohärenz in die Rolle eines Schiedsrichters[155] im Falle unvereinbarer Geltungsansprüche erheben.

Aber was heißt und was ist „Kohärenz"?[156] Nichtwidersprüchlichkeit ist ein durchaus notwendiges Kriterium, kann aber noch nicht als hinreichendes Kriterium für Wahrheit angesehen werden. Allerdings sollte man die Nichtwidersprüchlichkeitsforderung auch nicht unterschätzen. Denn sie ist es, die uns – in Habermas' Worten – zwingt, von der Ebene des Handelns, etwa des informativen Kommunikationshandelns, auf die Ebene des Geltungsdiskurses zu schreiten. Wahrheit wird ja dann zum Thema und zum Problem, wenn ein Proponent, also eine Person *a*, die als Erste das Wort ergreift, einen Satz *p* äußert und ein Opponent, d. h. eine Person *b*, die als Gegner auftritt, mit dem Satz Nicht-*p* kontert.[157] Es ist das Gebot, Widersprüche nicht zuzulassen, welches uns mit der Geltungsfrage konfrontiert. Widersprüchlichkeit ist also zumindest ein Indiz für Falschheit. Nichtwidersprüchlichkeit ist daher ein unabdingbares Kriterium auf einer sozusagen logischen Ebene. Dieses Kriterium reicht aber noch nicht aus. Über die rein logische Ebene hinaus hat die begriffliche oder grammatische Ebene eine besondere Relevanz: Wenn ein Satz *p* nicht in einem Zusammenhang mit den begrifflichen Koordinaten des Systems *S* steht, dann ist dies ein Indiz für eine Störung, die in einem Geltungsdiskurs behoben werden muss. Aber auch die begriffliche Kohärenz liefert nur eine notwendige, aber noch keine hinreichende Bedingung für Wahrheit. Eine hinreichende Bedingung wird erst mit dem Gebot der inhaltlichen Kohärenz gegeben. Dieses Gebot lässt sich auf die Formel bringen: Ein Satz p muss einen in S *geltenden* Satz q (oder mehrere Sätze) implizieren oder von einem in S geltenden Satz (bzw. von mehreren Sätzen) impliziert werden. Ist das der Fall, dann kann p als wahr angesehen werden. Dabei ist aber zusätzlich die Rolle jener Sätze zu bedenken, die von p impliziert werden oder die p implizieren, genauso wie die Rolle von p selbst.

Stellen wir uns dazu einen abstrakten Fall vor: Es tauchen – *verursacht* durch sensorische Inputs, die wir Wahrnehmung nennen – die Sätze p und Nicht-p auf. Sie stehen zur Diskussion. Anhand der genannten Kriterien lässt sich Nicht-p als nicht mit S vereinbar kennzeichnen. Nun kann es der Fall sein, dass der Satz Nicht-p wiederholt auftritt. Dann nimmt die Rolle von p drastisch ab und es kann auf diese Weise eine Situation entstehen, die uns zwingt, das System S so zu renovieren, dass Nicht-p Platz findet.

Dieser abstrakte Fall lässt sich etwa so veranschaulichen: Es tauchen zwei Sätze auf: (i*) „Kater Maunzer faulenzt im Gras" und (ii*) „Kater Maunzer sitzt in der Küche". Der Satz (ii*) lässt sich so formulieren, dass er das Gegenteil von (i*) ausdrückt. Nehmen wir nun an, dass wir eine Reihe von Sätzen in unserem System S bzw. dem Systemausschnitt haben, die wir als gültig erachten (so dass darüber kein Streit entbrennt) wie: (iii*) „Kater Maunzer liegt im niedrigen Löwenzahn"; (iv*) „Kater Maunzer wärmt sich in der Sonne"; (v*) „Kater Maunzer spielt mit Grashalmen"; (vi*) „Katzen faulenzen gerne"; (vii) „Kein Gegenstand kann zugleich an zwei verschiedenen Orten sein" etc. Zu diesem Netz von Sätzen gehören solche, die auch Erfahrungssätze sind – wie etwa (iii*) bis (v*), aber ebenfalls solche, die begriffliche, also grammatische, Zusammenhänge, ja sogar eine bestimmte Metaphysik[158] ausdrücken – wie (vi*) und (vii*). Die Sätze (iii*) bis (v*) stehen in einem Implikationszusammenhang mit (i*), aber nicht mit (ii*). Und der Satz (i*) steht in einem Implikationszusammenhang mit (vi*) und (vii*), teilweise vermittelt über die anderen Sätze, was für (ii*) wiederum nicht gilt. Das würde eindeutig zeigen, dass (ii*) nicht wahr sein kann. Stellen wir uns aber vor, dass der Satz (ii*) wieder auftaucht – und zwar nicht wegen der Uneinsichtigkeit oder Unaufrichtigkeit unseres Gesprächspartners, sondern weil er von Wahrnehmungen verursacht wird (etwa von wiederholten Wahrnehmungen unseres Gesprächspartners oder von den Wahrnehmungen anderer Personen). Wenn wir uns von der Einsichtigkeit und Aufrichtigkeit unseres Partners überzeugt haben, dann werden wir erneut in den Diskurs einsteigen müssen – und diesmal mit einer reduzierten Wahrheitswürdigkeit von (i*). Es steht dann zur Diskussion, ob einer der beiden Sätze womöglich auf einer Halluzination beruht. Sollte aber trotz einer Revision, die zur Streichung von (i*) oder (ii*) geführt hat, eine Situation entstehen, in der (i*) und (ii*) weiterhin abwechselnd auftauchen, so kann das zum Umbau des Systems führen – auch zur Revision von solch zentralen Sätzen wie (vii*). Kurz gesagt: Sollte die Streichung eines der beiden Sätze „Kater Maunzer faulenzt im Gras" bzw. „Kater Maunzer sitzt in der Küche" nicht gelingen, dann sind wir gezwungen, den Satz „Kein Gegenstand kann zugleich an verschiedenen Orten sein" zu revidieren.

Der geschilderte Fall trägt dem zweiten Haupteinwand[159] – der erste thematisiert die angebliche Ungeklärtheit des Kohärenzbegriffes – gegen die Kohärenztheorie Rechnung, welcher besagt, dass rein fiktionale Geschichten schon deshalb wahr sein können, weil sie in sich nicht-widersprüchlich sind und dass es für ein System S offenkundig keinen klaren Ort für einen Input aus der Wirklichkeit gibt. Aus dem Beispiel wird klar, wie man auf den Einwand erwidern kann: Erstens kommt es auf die Rolle von Sätzen an, die zur Diskussion stehen. Von besonderer Relevanz sind Erfahrungssätze, d. h. Sätze, die wir als von Wahrnehmungen *verursacht* ansehen müssen, und ihre Implikate. Sie haben unter ganz bestimmten Umständen im Netz der Sätze ein anderes Gewicht als Sätze, die nicht Erfahrungssätze im engeren Sinne sind. Aber sie sind nicht grundsätzlich unfehlbar. Zweitens – und dies hat Nicholas Rescher in zusätzlichen Überlegungen herausgearbeitet[160] – steht der Kohärenzbegriff unter einer pragmatischen Maxime, die ihn sozusagen dynamisiert. Ein System *S* muss sich *bewähren*, indem es uns bestmögliche Orientierung in unserem handelnden Zugehen auf die Welt erlaubt. Theoretische und praktische Aspekte sind hier also streng aufeinander bezogen.[161] Angesichts dieser Forderung kann es geboten sein, das System neu einzurichten, neu zu justieren, neu zu inventarisieren. So kann, wie gesagt, das wiederholte Auftreten von Nicht-*p*, vor allem wenn ihm die Rolle eines Erfahrungssatzes zukommt, dazu führen, dass wir *p* und alle Sätze, die mit ihm via Implikation zusammenhängen, streichen müssen. Ein solches System entwickelt sich also im Laufe der Geschichte und durch die Geschichte.[162]

Die Sätze, mit denen wir es im Geltungsdiskurs zu tun haben, sind Wahrheits*kandidaten*[163] und nicht schon Wahrheits*träger* mit Bezug auf ein System *S*. Dieser Hinweis kann vielleicht den dritten Einwand entkräften, der der Kohärenztheorie eine Zirkularität unterstellt oder sogar meint, diagnostizieren zu müssen, dass eine Kohärenztheorie nur dann funktioniert, wenn schon das ganze System *aller* wahren Sätze zur Verfügung steht. Gerade an der Beziehung zwischen bestimmten Wahrheitskandidaten *p* und Nicht-*p* und dem System *S* liegt es aber, dass nicht das System als ein geschlossenes, vollkommenes, nicht erweiterbares Ganzes vorliegen muss. Wir müssen vielmehr über eine bestimmte Provinz von Sätzen samt einer transparenten Ordnungsstruktur verfügen und wir müssen zeigen, dass gerade für diesen Fall eine bestimmte Implikationslinie zwischen ⟨*l, m* ... und *p*⟩ oder ⟨*p* und *r, s* ...⟩ greift, die für eine andere Ansammlung von Wahrheitskandidaten *o* und Nicht-*o* in einem zweiten Diskurs so nicht mehr greifen muss.

3.3 Wahrheit, die uns antreibt

Gibt es eine Wahrheitstheorie, die dem religiösen Glauben am nächsten steht? Diese Frage ist teilweise falsch gestellt.

Denn zum einen gibt es im religiösen Glauben Aspekte, die mehr mit dem Ausdruck von Einstellungen oder mit einer Situation der Anrede (etwa im Gebet) zu tun haben als mit der Äußerung von Behauptungen. Und nur im Rahmen strittiger Behauptungen wird die Wahrheitsfrage zum Thema. Zum anderen kann bezweifelt werden, ob die einzelnen Wahrheitstheorien wirklich Alternativen sind. Sie modulieren allesamt nur ein Thema, das sich in der aristotelischen Bestimmung von Wahrheit bislang am präzisesten zum Ausdruck gebracht hat:

> (T-A) Wahrheit bedeutet: von dem, das ist, zu *sagen*, dass es ist, und von dem, das nicht ist, zu *sagen*, dass es nicht ist.[164]

Während die Korrespondenztheorie sich gewissermaßen auf die Balance und die Wechselbeziehung von „ist" und „Sagen, dass ist" bzw. „nicht ist" und „Sagen, dass nicht ist" konzentriert, ohne diese Bezüge vielleicht im Detail hinreichend klären zu können, konzentrieren sich Konsens- und Kohärenztheorie auf die Bedingungen und Bestimmungen des Sagens-dass. Sie lassen sich durchaus mit der Basisidee der Korrespondenztheorie vermitteln, die den Gedanken einer Übereinstimmung mit der Wirklichkeit in den Mittelpunkt stellt. Sie geben aber zu bedenken, dass die Wege und die Maßgaben des Übereinstimmens in der menschlichen Kommunikationspraxis zu suchen und zu finden sind.[165] Daher geht es womöglich nicht um eine Auswahl einer einzigen Wahrheitstheorie, sondern um den richtigen Einstieg in die Wahrheitsfrage – ein Einstieg, der umso reflektierter gewählt werden muss, je enger die Frage nach der Bestimmung von Wahrheit mit der Frage nach den Kriterien von Wahrheit verzahnt ist. Die Wahrheitsfrage lässt sich auch in religiösen Dingen nicht ausblenden, sobald man zugesteht, dass der religiöse Glaube im Sinne eines auf den Glauben-dass zugespitzten Glaubens-an eine kognitive Dimension hat, will sagen: dass es um die Fragen der *Richtigkeit* einer Welt- und Daseinsdeutung geht. Die Frage nach der Richtigkeit ist aufs engste mit dem christlichen Theismus verbunden, weil bereits biblisch grundgelegt: Die Unterscheidung des richtigen Gottes von den falschen Göttern, den Götzen, die keiner Verehrung wert sind und von denen sich der Mensch nichts erhoffen kann. Diese Differenz von richtigen und falschen Göttern bestimmt in der Unterscheidung von „wahr" und „falsch" auch die Geschichte der christlichen Theologie. Ein prominentes Beispiel ist etwa Augustinus († 430), der über die heidnischen Götter des verfallenden römischen Reiches Hohn und Spott ausgießt. Diesen falschen Göttern stellt er die Wahrheit des Christentums gegenüber. Für Augustinus gilt: Nur vom wahren Gott kann der Mensch Erlösung erhoffen.[166] Behauptungen, die mit einem Wahrheitsanspruch auftreten, gehören also wesentlich zum Christentum hinzu.

Nur, von welcher Seite her ist ein angemessener Einstieg in die Frage nach der Wahrheit mit dem ausdrücklichen Bezug auf den christlichen Theismus zu gewinnen? Lorenz Puntel hat in verschiedenen Veröffentlichungen für eine Kohärenztheorie der Wahrheit geworben – gerade auch mit Blick auf den christlichen Theismus.

Ausgehend von einer kritischen, aber gleichwohl inspirierten Anknüpfung an Tarskis Überlegungen zur Bedeutung des Ausdrucks „wahr" entwickelte Puntel eine so genannte „Determinationstheorie von Wahrheit"[167] und operationalisierte sie im Sinne einer Kohärenztheorie von Wahrheit. Entscheidend für sein Votum ist die Klärung des Wahrheitsbegriffes durch einen genauen Blick auf seine Rolle in der Sprache: „wahr" ist – so Puntel – ein metasprachlicher Ausdruck, der etwas mit Sätzen „macht". Was der Ausdruck „wahr" bewirkt, lässt sich als Funktion bzw. Vorgang deuten, die bzw. der einen unterbestimmten Satz p^* auf einen vollständig bestimmten Satz p^+ abbildet. Dieser Übergang von einem unterbestimmten Stadium zu einem bestimmten Stadium trägt Puntels Ansatz auch das Etikett „Determinationstheorie" ein.

Sachlich steht hinter den Überlegungen natürlich Tarskis

semantische Wahrheitskonzeption. Es sind aber auch Züge der Redundanz- bzw. Disquotationstheorie zu erkennen, weil der Bedeutungsgehalt des Ausdrucks „wahr" insofern niedrig gehalten wird, als eine formale und funktionale Rolle im Vordergrund steht. Darüber hinaus steht Puntels Entwurf auch in der Linie der so genannten „prosentenzialen" Theorie der Wahrheit.[168] Diese Theorie interpretiert die Verwendung der linken Seite in Tarskis Wahrheitskonvention, also die Verwendung des Ausdrucks „X ist wahr" (wobei „X" als Name für einen bestimmten Satz fungiert) in Analogie zur Verwendung von Pronomina in der Alltagssprache. „X ist wahr" ist demgemäß eine Prosentenz für den Satz p und kann unter bestimmten Umständen durch den Satz p ersetzt werden. An dieser Stelle kommt Puntels spezifischer Ansatz ins Spiel: Die Ersetzung der Prosentenz durch den eigentlichen Satz ist nur dann möglich, wenn der in Rede stehende Satz als bestimmt angesehen werden kann. Ein Satz ist so lange unterbestimmt, wie der mit seiner Äußerung erhobene Geltungsanspruch zweifelhaft ist, so dass sich notwendig ein Geltungsdiskurs entwickeln muss. Vermittels der spezifischen Prosentenz „X ist wahr" vollziehen wir einen Übergang von der unterbestimmten Verwendung eines Satzes zu seiner bestimmten Verwendung. Die mit der Prosentenz verbundene Anapher im Blick auf den Ausgangssatz p erfolgt also nicht aus Bequemlichkeit, Abwechslungswillen oder Umständlichkeit, sondern hat eine wichtige Aufgabe, die man als „Zuordnung eines Wahrheitswertes" beschreiben könnte. Ramseys Hinweis, dass wir statt zu sagen „Der Satz X ist wahr" auch einfach nur den in Rede stehenden Satz wiederholen können, verleiht Puntels Hinweis auf die Statusänderung eine zusätzliche Basis: Durch den Zusatz „ist wahr" verändert sich nicht der Inhalt und auch nicht die Gestalt eines Satzes, sondern sein Status.

Natürlich ist die Rede vom Übergang aus einem unterbestimmten in einen bestimmten Status eine extrem formale und abstrakte Angabe jener Funktion, die der Ausdruck „ist wahr" erfüllt. Um diese Funktion methodisch auszugestalten, wird für Puntel die Kohärenztheorie der Wahrheit wichtig: Die Statusänderung erfolgt dadurch, dass wir einen Satz p in ein System S einpassen. Aus dieser Sicht entspräche *Einpassbarkeit* dem Wert „wahr", *Uneinpassbarkeit* dem Wert „falsch". Ergänzen ließe sich diese methodische Deutung des Statuswandels auch durch die Kernelemente der Konsenstheorie: Der Versuch einer Einpassung kann nur im Rahmen eines Geltungsdiskurses erfolgen, für den es entsprechende Regeln gibt und in dem es gelingt, die Kriterien, die für oder gegen eine Einpassung eines Satzes *p* sprechen bzw. gesprochen haben, argumentativ offen zu legen.

Der angedeutete Anweg ist nicht nur deshalb viel versprechend, weil eine plausibel ausbuchstabierte Kohärenztheorie das Ansinnen der Korrespondenztheorie am besten weiterentwickeln und in den Umriss einer Methodik gießen kann, sondern auch weil eine Kohärenztheorie dem Gefüge der Glaubenssätze – das hat vor allem Paul Helm[169] unterstrichen – am meisten entspricht. Auch die theologischen Verfahren der Wahrheitsfindung in Konzilien, auf wissenschaftlicher Ebene, durch lehramtliche Entscheidungen orientieren sich ausnahmslos am Kriterium der Kohärenz – und zwar in der genannten dreifachen Weise: logisch, begrifflich, inhaltlich.

Eine Kohärenztheorie der Wahrheit entspricht darüber hinaus auch den konzeptuellen Linien des christlichen Gottesbegriffes. So hebt Wolfgang Pannenberg hervor:

> „Der augustinische Gedanke, daß Gott die Wahrheit selbst sei [...], beruht auf dem Gesichtspunkt der Kohärenz und Einheit alles Wahren. Gott ist der Ort dieser Einheit, er ist die mit sich identische (insofern ‚unveränderliche') Wahrheit, die alles Wahre umgreift und in sich schließt [...]. Alles menschliche Bemühen um Kohärenz kann dann nur ein stets unvollkommen und unabgeschlossen bleibender Nachvollzug, ein Nachdenken der in Gott begründeten Einheit alles Wahren sein – oder auch ihr Vorentwurf, wenn nämlich die in Gott begründete Einheit alles Wahren selber die Form einer Geschichte haben sollte, so daß sie erst im Prozeß der Zeit zu ihrer Vollendung kommt.“[170]

Wendet man diese Überlegungen wiederum zurück ins Methodische und Formale, so ergeben sich zwei wichtige Gesichtspunkte, die auch für die theologische Adaption einer Kohärenztheorie im Blick bleiben müssen:

(i) Die Kohärenzkriterien sind immer bezogen auf ein bestimmtes System S_i. Solange die Geltung eines alternativen Systems S_2 nicht ausgeschlossen werden kann, müssen wir zwischen *absoluter* und *relativer* Wahrheit unterscheiden. Absolute Wahrheit wäre erst dann gegeben, wenn es gelänge ein System S als das einzig gültige auszuzeichnen.

(ii) Die Existenz *alternativer* Systeme zwingt uns zu einem Weiterbauen an unserem Ausgangssystem S_1. Leitstern ist hierbei die Vision einer umfassenden Kohärenz, die sich nur dann ergeben wird, wenn andere Systeme integriert, d. h. durch Modifikation des eigenen Systems einbegriffen werden können.

Die Thesen (i) und (ii) helfen uns nun, die Eingangsfragen zur Wahrheitsthematik differenziert zu beantworten: Die Aussagen des christlichen Theismus können als wahr eingestuft werden mit Bezug auf ein entsprechendes „theistisches" Satzsystem S_T. Das Verfahren der Bewahrheitung ist aus der Innenperspektive von S_T ein Verfahren der Kohärenzfeststellung und Kohärenzbestimmung im logischen, begrifflichen und inhaltlichen, d. h. implikatorischen Sinne. Aus der Außenperspektive zu S_T stellt sich das Bild jedoch anders dar: Wenn S_T keine absolute Geltung beanspruchen kann, weil die Geltung alternativer Systeme nicht ausgeschlossen werden kann, dann hat die Einstufung von theistischen Aussagen als wahr nur einen relativen Wert. Die generelle Glaubensperspektive wird angesichts der Spannung, die durch den Geltungsanspruch von S_T im Kontrast zum Geltungsanspruch anderer Systeme aufgebaut wird, nicht aufgehoben. Da aber die Wahrheit des Urteilens auf eine endgültige Bestimmung der Wahrheitswerte drängt, kann die Situation einer relativen Geltung (relativ zu S_T) nur eine vorläufige Situation sein. Anders gesagt: Es liegt in der Logik der Wahrheitsthematik, dass sich alternative Systeme aufeinander zu bewegen müssen. Das dabei angestrebte Ziel ist eine maximale Kohärenz. Damit ist auch die dritte Eingangsfrage beantwortet: Aus der Außenperspektive ist der christliche Theismus nicht in der Position, die Geltung anderer Systeme auszuschließen, solange diese sich im Sinne einer Strukturierung unseres Umgangs mit und in der Wirklichkeit bewähren. Eine Vermittlung von Außen- und Innenperspektive wird jedoch darauf angelegt sein, die Kohärenzoperation auf andere Systeme auszudehnen. Der erste Schritt dazu ist die Markierung von Gemeinsamkeiten und Unterschieden aus der jeweilig verschiedenen systembezogenen Perspektive. Ein zweiter Schritt wird nach der Überwindung der Unterschiede trachten – durch Einbau, Umbau, Anbau oder auch durch Revision von Geltungsansprüchen.

Die Suche nach der maximalen Kohärenz ist bei diesem Vorgehen der innere Motor. Der Treibstoff dieses Motors ist der Kerngedanke der klassischen pragmatischen Wahrheitstheorie, den William James auf folgenden Nenner bringt:

> „,Das Wahre' ist, um es kurz zu sagen, nichts anderes als das, was uns auf dem Weg des Denkens vorwärtsbringt, sowie ,das Richtige' das ist, was uns in unserem Benehmen vorwärtsbringt. Dabei meine ich vorwärtsbringend in jeder Art und vorwärtsbringend im großen und ganzen [...]. Ein absolut Wahres in dem Sinne, daß keine künftige Erfahrung es ändern kann, das ist der ideale Punkt, gegen den alle unsere heutigen Wahrheiten eines Tages konvergieren werden."[171]

Christlicherseits – aber auch auf philosophischer Ebene – kann das Ideal unserer Kohärenzstrukturierung mit Gott selbst identifiziert werden[172]: Gott ist der Inbegriff von Sein, Wahrheit und Güte. Seine Vollkommenheit ist der Leitstern unseres Strebens und Zielens, Tuns und Denkens. Dass sich die Nähe eines Systems zur absoluten Wahrheit in seiner Güte ausdrückt – also in der Fähigkeit, eine Vielfalt von Sätzen einzupassen, um dadurch erfahrungsbezogen zu bleiben, das findet seine begründende Spiegelung in der Natur Gottes, die der endlichen Wirklichkeit zwar voraus ist, an der diese endliche Wirklichkeit aber doch Anteil hat.

3.4 Wahrheit und die rationale Verantwortung unserer Überzeugungen

Wir haben in den vorausgehenden Überlegungen festgestellt, dass Glaubensaussagen, sofern es sich um Behauptungen handelt, durchaus der Wahrheitswertfrage unterliegen.
Wir haben zudem festgestellt, dass mit Bezug auf ein bestimmtes System und Weltbild eine Wahrheit dann behauptet werden kann, wenn wir Glaubenssätze in das entsprechende System einpassen können. Methodische Schritte zur
Feststellung dieses relativen Wahrheitswertes können etwa
folgende sein:

1. Problematisierung eines Satzes in Hinsicht auf seinen Geltungsanspruch (das ist sozusagen das Kerngeschäft der
   theologischen Reflexion),
2. Formierung einer angemessenen Diskursebene (z. B. in
   der Form eines wissenschaftlichen Diskurses und/oder in
   der Form einer institutionellen Konsensebene – etwa in
   der Gestalt eines Konzils),
3. Überprüfung eines Satzes in Hinsicht auf seine Übereinstimmung mit den Aussagen der Schrift,
4. Überprüfung eines Satzes in Hinsicht auf seine Übereinstimmung mit der Tradition der Glaubenserfahrung und
   Glaubensauslegung,
5. Dokumentation eines Konsenses (z. B. in institutioneller
   Form),
6. Zertifikation eines Konsenses durch lehramtliche Instanzen,
7. Rezeption des Konsenses durch die den Glauben und das
   Glaubensleben tragende Kommunikationsgemeinschaft.

Diese Schritte bringen ein system*internes*[173] Regelwerk zum
Ausdruck, das man als interne Rationalität bezeichnen kann.
Blickt man in die Kirchen- und Theologiegeschichte, so
lassen sich viele dogmatische Auseinandersetzungen um
den Kern des Glaubens auf der Basis der angegebenen
Schritte rekonstruieren. Natürlich bleibt aber die Frage nach
einer Bewahrheitung aus der Außenperspektive bestehen.

So wenig die systeminterne Wahrheit schon eine absolute Wahrheit garantiert, so wenig kann eine systeminterne Rationalität auch system*externe* Standards garantieren.

Erschwert wird dieser Übergang zudem durch die Tatsache, dass die tragenden Pfeiler eines Systems und eines Weltbildes Überzeugungen sind und – wie an anderer Stelle angedeutet – nur Überzeugungen sein können. Und genau hier liegt ein Kernproblem: Wenn wir Überzeugungen aus dem Schatten des Wissensbegriffes herausnehmen müssen, dann können wir kaum mit rationalen Standards an Überzeugungen herantreten, die eindeutig auf Gewinnung von Wissen zielen – etwa mit empirischen Beweisforderungen oder mit dem Anspruch auf eindeutige Verifikation oder Falsifikation. Andererseits kann es uns – zum Schutz vor Aberglaube und Ideologie – nicht gleichgültig sein, wie wir Überzeugungen verantworten wollen. Wie ist also ein rationaler Umgang mit Überzeugungen möglich? Wie können wir vernünftigerweise an den Pfeilern unseres Weltbildes, an den Flussbettsätzen unserer fließenden Sprache festhalten?

In diesem Zusammenhang gilt es, mit Lawrence Simon drei Ebenen von Rationalität zu differenzieren[174], um die Komplexität der Frage etwas zu verdeutlichen:

(E_1) Die erste Ebene betrifft die Rationalität bestimmter Handlungen. Dabei steht der Zusammenhang von Tun – Mittel – Ziel im Blickpunkt des Interesses.

(E_2) Die zweite Ebene betrifft die Rationalität bestimmter Annahmen (hier also: Glaubensannahmen). Dabei steht die Frage im Vordergrund, wie eine Annahme erworben wird.

(E_3) Die dritte Ebene betrifft die Rationalität bestimmter Normen und Beurteilungskriterien. Diese Ebene ist der Standpunkt, von dem aus die darunter liegenden Ebenen beurteilt werden.

Diese drei Ebenen sind, wie sich leicht einsehen lässt, aufeinander bezogen. Überzeugungen spielen auf allen diesen Ebenen eine entscheidende Rolle – die grundsätzlichste aber auf der Ebene (E_3). Da wir die Kriterien, nach denen wir Normen des Handelns und Maßstäbe des vernünftigen Annehmens ihrerseits beurteilen, nur in der Form von Überzeugungen haben können, stehen wir vor dem offenkundigen Problem, dass sich Überzeugungen nur mit Überzeugungen messen lassen.

Darüber hinaus ist in inhaltlicher Hinsicht ein Begriff von Rationalität und Vernunft eingefordert, der so weit und gleichzeitig so präzise ist, dass er auch auf den Status von Überzeugungen anwendbar ist. Doch diese Anforderung stößt auf zwei gewichtige Einwände:

(REL) Es gibt keine überzeitlichen Rationalitätsstandards. Denn Rationalitätsstandards sind immer relativ zu einer bestimmten Zeit und Kultur.

(SEG) Es gibt keinen Begriff von Rationalität, der die verschiedenen Lebensbereiche des Menschen überspannt. Was im einen Bereich rational ist, kann im anderen Bereich vollkommen irrational sein.

Gegen die These vom kulturellen Relativismus (REL) lässt sich die Interpretationstheorie Davidsons[175] anführen: Wenn wir eine fremde Sprache und ein fremdes kulturelles System verstehen wollen, dann müssen wir die Rationalität der sprachlichen Akteure voraussetzen, sonst kann ein Verstehen niemals zustande kommen. Die Tatsache, dass wir uns immer neu um ein Verstehen des Anderen bemühen und dass uns dies auch bisweilen gelingt, kann als Beleg dafür angeführt werden, dass es besser ist, von einer einheitlichen Rationalität aller sprachlichen Akteure (also auch der fremden) auszugehen als von einer Irrationalität oder nicht beurteilbaren Rationalität. Korrekte Verständigung setzt z. B. die „wahr" – „falsch"-Unterscheidung ebenso voraus wie vergleichbare zweiwertige Differenzierungen, wie z. B. „korrekt" – „inkorrekt". Ohne sie könnten wir keinen Unterschied zwischen gelingender und missglückender Kommunikation markieren.

Gegen die These von unverbundenen, ja hermetisch gegeneinander abgeriegelten Segmenten des Lebens (SEG) und einer nicht harmonisierbaren Mehrzahl von Rationalitäten ist auf eine Differenz von Form und Inhalt von Rationalität zu verweisen. Niemand wird bestreiten, dass Rationalität – je nach Bezugsbereich, Perspektive und Präferenzhierarchien – eine vielgesichtige Gestalt hat. Aber das betrifft die inhaltliche Ebene: Ob ich einkaufen gehe, eine Berufsentscheidung fälle, eine Vernunftehe eingehe oder einen wissenschaftlichen Vortrag halte, all diese verschiedenen Lebensbereiche und unterschiedlichen Gesichter von Rationalität lassen sich doch auf eine Grundfigur zurückführen: dass wir uns in der Praxis unseres bewussten Lebens entscheiden müssen, dass wir zwischen Alternativen zu wählen haben, dass wir zumindest mit Alternativen konfrontiert werden und dass wir um Auskunft über unsere Gründe gebeten werden.

Daraus lässt sich auch ein grundsätzlicher Begriff von Rationalität ermitteln: Die elementarste Leistung von Rationalität ist eine, die in der Praxis höchst relevant ist. Es geht darum, *Auskunft* geben zu können – und zwar nicht nur darüber, welchen Weg man an einer Wegkreuzung von Entscheidungen einschlägt, sondern auch über die *Gründe*, aufgrund derer man einen bestimmten Weg einschlägt und keinen anderen.

Als Ausgangspunkt ist für unser Vorhaben ein formaler Begriff von Rationalität zu wählen, der mit dem Phänomen der Entscheidung und dem Phänomen des Gründe-Gebens aufs engste zusammenhängt. Mit Robert Brandom[176] kann man Rationalität als eine Art Spiel begreifen – also als eine Praxis kommunikativen Handelns, das nach bestimmten Regeln erfolgt und auf ein bestimmtes Ziel ausgerichtet ist: Die elementaren Züge des Spieles heißen Gründe-Verlangen und Gründe-Geben. Das Ziel ist natürlich der Sieg in diesem Spiel, der im Erzielen von möglichst vielen Punkten besteht.[177] Bepunktet werden gute Argumente, wobei nicht allein ihre Anzahl, sondern auch ihre Qualität für den Ausgang des Spieles entscheidend sind. Zu diesem Spiel gehört aber auch, dass die Regeln ebenso transparent sind wie die Verteilung der Punkte. Brandoms Betrachtungsweise hat den unstrittigen Vorteil, dass sie Glaube, Wissen und Rationalität nicht als seltsam unzugängliche Bewusstseinszustände auffasst, sondern als Handlungen, als Ausdrucksgestalt des Geistes und als Kunstfertigkeit. Er trifft sich mit dem Anliegen der externalistischen Ansätze.

Überzeugungen lassen sich – interpretiert man Brandoms Überlegungen – unter dem Aspekt der *doxastischen* (d. h. auf Annahmen bezogenen) *Festlegung* einordnen[178]: Eine bestimmte Person legt sich auf eine Annahme fest. Allerdings holt diese Verortung die Eigenart von Überzeugungen im Gegensatz zu den epistemischen Einstellungen Glauben und Wissen noch nicht ein. Wenn Wissen bei Brandom durch die sozial-kommunikative Praxis der Zuerkennung einer Festlegung *und* der Billigung bzw. Anerkennung dieser Festlegung bestimmt ist[179], dann muss der Überzeugungsbegriff – soll er sich vom Wissensbegriff signifikant unterscheiden – gewissermaßen „eine Stufe unterhalb" des Wissens angesiedelt werden. Wissen bedeutet zunächst: Eine Person legt sich auf eine Annahme fest und diese Festlegung wird von mindestens einer anderen Person gebilligt. Hier stehen wir jedoch vor einer begrifflichen Schwierigkeit: Die bloße Zuerkennung der Festlegung in einer kommunikativ-diskursiven Praxis ist das Kennzeichen des Glaubens im Sinne eines Fürwahrhaltens. Wie können die Aspekte, die Überzeugungen vom bloßen Glauben unterscheiden, so formuliert werden, dass dadurch die besondere Note des Überzeugungsbegriffes zum Ausdruck gebracht wird? Auf der Linie der grundlegenden Ergebnisse Brandoms ließe sich eine Antwort etwa folgendermaßen skizzieren:

(1) Mit dem einfachen Glauben hat das Überzeugtsein einer Person *a* gemeinsam, dass eine Person *b* dieser Person *a* die durch den Gehalt und den Status der Überzeugung erfolgende *Festlegung* im diskursiven Spiel des Gründe-Verlangens und Gründe-Gebens *zuerkennt.*

(2) Hinzu kommt ferner ein reflexives Moment, das auch für den rationalen Glauben noch nicht untypisch ist: Die sich festlegende Person *a erkennt* auch *sich selbst* diese Festlegung *zu.*

(3) Dass die Person *a* diese Art der Festlegung gleichzeitig als *Maßstab* in der für das Spiel des Gründe-Verlangens und Gründe-Gebens notwendigen Punktekontoführung nutzen wird und dass die Person *a* von der allgemeinen Billigung ihrer Festlegung ausgeht (ohne diese *faktisch* erreicht zu haben), dieser Umstand unterscheidet das Überzeugtsein vom Glauben im einfachen Sinne und auch vom Wissen.

(4) Dieser Unterschied hat logischerweise auch für die Person *b* Konsequenzen: Im Diskurs mit *a* legt sich *b* auf

diesen Maßstab fest. Wird dieser Maßstab zum Problem, kann dieses Problem nicht mehr auf derselben Ebene des Diskurses geklärt werden, sondern nur durch das Hinaufsteigen auf eine höhere Ebene.

(5) Aber gerade da wartet die Gefahr, in eine endlose Reihe von Ebenen zu geraten. Diese Gefahr kann nur gebannt werden, wenn es gelingt, einen Maßstab und eine Diskursebene zu finden, welche für *a* und *b* gleichermaßen normativ sind und worauf *a* und *b* sich gleichermaßen als festgelegt *anerkennen*.

(6) Die *wechselseitige* Zuerkennung und Anerkennung bzw. Billigung von grundsätzlichen Überzeugungen kann nicht mehr im Sinne eines Beweisganges eingeholt werden. Der Appell an eine gemeinsame Überzeugungskuppel, die die Statik des Diskurses gewährleistet, hat – mit Klaus Müller gesprochen – den Charakter einer Letztbegründung ohne Beweisanspruch.[180]

Der Weg der Überzeugungen auf dem Forum diskursiver Verständigung führt also auf eine letzte Unhintergehbarkeit, die wiederum nur im Modus von Überzeugungen ansichtig wird. Erst die Einsicht in eine letzte Anerkennungsdimension, in der sich unser gesamtes Vernünftigsein bewegt, vermag dem Regressproblem, d. h. der Gefahr einer endlosen Reihe von Diskursebenen, die Spitze abzubrechen. Wissen und Rationalität gründen sich auf Überzeugungen, die ihrerseits nur in der Weise des Anerkanntseins und Anerkennens zu haben sind.

Wie lassen sich Überzeugungen aber dann verantworten? Betrachten wir die Aufgaben der diskursiven Vernunft wie Brandom als regelgeleitetes Spiel, das sich in typischen Sprachhandlungen ausdrückt, so ergeben sich vier Gesichtspunkte, die Anhalt für einen vernünftigen Umgang mit Überzeugungen bieten könnten:

I. *Überzeugungen müssen rekursfähig sein.* Das heißt: Sie müssen sich in das Spiel diskursiver Verständigung einbringen lassen. Das setzt jedoch voraus, dass das Forum diskursiver Verständigung als relevant erachtet wird, so dass all jene Überzeugungen als „wertlos" und „verdächtig" ausgeschlossen werden, die sich einer diskursiven Verständigung entziehen. Ziel dieser Verständigung kann nicht eine Begründung im engeren Sinne sein, sondern die Offenlegung der Zuerkennung, dass ich mich festgelegt habe oder festlegen will.

II. *Anerkennen und Anerkanntwerden ist wesentlich für Überzeugungen.* Das bedeutet jedoch: Zum Haben von Überzeugungen gehört wesentlich Freiheit, die auf der Ebene diskursiver Verständigung wechselseitig ist: Weil ich mir eine Festlegung zuerkenne und um die Anerkennung dieser Zuerkennung werbe, bin ich gehalten, auch die selbst-zuerkannten Festlegungen meines Gegenübers anzuerkennen. *Die Güte meiner Überzeugungen lässt sich also durchaus daran bemessen, inwiefern sie Raum geben für die Maßgabe der Anerkennung von Andersheit, ohne die ich mit meinen Überzeugungen nicht auf das Forum diskursiver Vernunft treten könnte.*

III. Nach der Güte von Überzeugungen zu fragen, das gestattet uns auch ein weiterer, in der Architektur des Überzeugtseins gegebener Aspekt: Weil es – *auch und gerade bei religiösen Überzeugungen* – *um meine Selbstbeschreibung geht, bemisst sich die Güte meiner Überzeugungen auch an deren Authentizität,* d. h. an der Weise, wie sie in meine bewusste Lebensführung eingreifen bzw. wie mein bewusstes Leben auf ihnen aufruhen kann.

IV. Aus dem Gefüge meiner Überzeugungen entspringt ein Weltbild, das trotz seines punktuellen Ausgangspunktes einen universalen Anspruch mit sich führt. Es will nämlich ein Ganzes vorstellen, das auch für Andere als ein solches Ganzes ansichtig sein soll. *Darin drücken sich eine prinzipielle Vorwegnahme der Verallgemeinerung meiner Überzeugungen aus und die Bereitschaft, sie mit den tragenden Überzeugungen alternativer Weltbeschreibungen zumindest abzugleichen.*

Diese vier Aspekte zusammen münden in das ein, was man als den „Kategorischen Imperativ des Überzeugtseins" bezeichnen könnte:

(KIÜ) Forme deine Überzeugungen so, dass sie auch die Überzeugungen anderer Subjekte sein könnten, ohne dass dabei die Modi der Freiheit oder Authentizität gefährdet werden.

Wittgenstein deutete einen Weg an, auf dem geklärt werden kann, wie wir als Personen zu Überzeugungen gelangen. Wir entnehmen Überzeugungen nicht – das wäre zu simpel gedacht – unserer Erfahrung, sondern wir *erlernen* Überzeugungen[181], um dadurch Erfahrungen einschätzen, strukturieren und diskursiv verhandeln zu können. Überzeugungen selbst sind wie Mustervorlagen des Denkens und Urteilens. Ihr Gebrauch als Urteilsgrundlage ist intersubjektiv erlernt. Dieses Lernen bringt uns in die Position, dass wir auf der angeeigneten Überzeugungsgrundlage auch unsererseits eigenverantwortlich Urteile formulieren können.[182]

Dieser Lernzusammenhang ist deshalb wesentlich, weil er uns zwingt, den Rahmen einer auf ein autarkes Subjekt zugeschnittenen Erkenntnistheorie hinter uns zu lassen: Überzeugungen sind kulturell und gesellschaftlich vermittelt. Das Weltbild, das sich aus Überzeugungen zusammensetzt, ist nicht nur ein von uns entworfenes Bild, sondern im gleichen Maß ein Bild, in dem *wir uns schon bewegen, bevor wir* uns darin situiert *wissen* oder als darin situiert *reflektieren*.[183] Dass dieses Weltbild auf mich kommt, bevor ich an einen Punkt gelange, an dem ich es architektonisch von einem festen Fundament aus errichten kann, ist freilich kein Grund, dass ich mich von der Notwendigkeit, diesem Weltbild einen reflektierten Ort in meinem bewussten Leben zu geben, dispensieren könnte.

Gerade indem *ich* meine Überzeugungen artikuliere und so die Grundlagen meiner Selbst- und Weltdeutung ansichtig mache, stelle ich sie auf ein Forum, auf welchem die Frage nach Gründen aufkommen muss, auch wenn ich weiß, dass hier das herkömmliche Spiel des Verifizierens und Begründens versagen wird. Überzeugungen können zwar nicht unmittelbar aus Erfahrung abgeleitet oder einfach durch Erfahrung bestätigt oder falsifiziert werden. Aber ein Erfahrungsbezug bleibt insofern erkennbar, als Überzeugungen unter dem Gebot der gelingenden Welt- und Selbstbeschreibung stehen: Sie können im Laufe der Zeit unbrauchbar werden, wenn sie sich für diese Aufgabe als *fruchtlos* erweisen.

Der Erwerb von Überzeugungen bringt einen Aspekt ins Spiel, der es uns auch gestattet, Überzeugungen vernunftzugänglich zu halten. Eine wichtige Rolle beim Erlernen von Überzeugungen spielt das *Beispiel* – in einem interpersonalen Sinn verstanden: das Beispiel einer anderen Person, an dem sichtbar wird, wie Überzeugungen das menschliche Leben gestalten und formen. Wir erwerben unsere Überzeugungen, indem wir vom *Beispiel* eines Anderen *lernen*. Dieses Lernen erfolgt jedoch nicht unkritisch. Denn auch hier kommt die Frage nach der Güte auf: als Frage nach der *Güte des Beispiels*. Das Beispiel eines Anderen ist zustimmungsfähig und „lobenswert"[184], wenn wir uns seiner Güte versichert haben. Um über diese Güte ein Urteil fällen zu können, bedarf es eines Blickes auf die (oben schon thematisierten) Dimensionen der *Freiheit* und der *Authentizität*. Überdies bedarf es der Versicherung, dass die im Beispiel mitgegebene Verallgemeinerungsvorwegnahme den Raum von Freiheit und Authentizität auch würdigt. Und dazu gehört schließlich, dass die Quellen, aus denen unser Beispiel schöpft, und die Zeugnisse bzw. Zeugen, denen es selbst seine Überzeugungen verdankt, auch für uns beispielgebend sind.

In den erkenntnistheoretischen Debatten der letzten Jahre zeichnet sich eine Entwicklung ab, die sich mit den skizzierten Überlegungen zur Güte von Überzeugungen organisch verbinden lässt. Diese Diskussionen bemühen sich um die Adaption tugendethischer Kategorien auf erkenntnistheoretische Probleme.[185] Diese externalistische Umsäumung des Rationalitätsbegriffes fügt sich nahtlos in den hier mehrfach vorgestellten externalistischen Kohärentismus ein.

In Kurzform könnte man den Grundgedanken der *Virtue Epistemology* wie folgt übernehmen:

> (TEÜ) Überzeugungen haben dann eine Dignität (d. h. sie sind zustimmungsfähig, können als verantwortet und rational gelten), wenn eine in erkenntnistheoretischer Hinsicht tugendhafte Person diese Überzeugung teilen würde.

Dieser Grundgedanke lässt sich durch eine Heranziehung des klassischen Tugendkataloges folgendermaßen konkretisieren:

I. Eine in erkenntnistheoretischer Hinsicht tugendhafte Person zeichnet sich aus durch *Klugheit*[186]. Sie weiß um die verlässlichen Quellen von Wissen und Erkenntnis, sie kennt sich aus mit den differenzierten Begründungsansprüchen, die von verschiedenen Erkenntnisgegenständen herstammen und ist in der Lage, Erkenntnis gewährleistende Instanzen miteinander in ein Spiel zu bringen.

II. Gestützt wird diese Klugheit von der Fähigkeit, das rechte Maß sehen, also die Gewichtung der gewährleistenden Instanzen vornehmen zu können – was nichts anderes ist als eine analoge, auf das Feld der Epistemologie übertragene Deutung der aristotelischen *Besonnenheit*[187]. Wer epistemisch besonnen ist, kann Vernunftstandards je nach Gegenstandsbereich differenzieren.

III. Unabdingbar ist auch die Tugend der *Gerechtigkeit*[188], die sich vor allem auf den Umgang mit anderen Überzeugungen bzw. mit den Überzeugungen Anderer bezieht: Welches Maß an Belegen für die Zustimmungsfähigkeit einer Überzeugung ich von anderen fordern kann, hängt wesentlich davon ab, wieviel ich von mir selbst abzuverlangen bereit bin oder prinzipiell abverlangen kann.

IV. *Freigebigkeit*[189] und *Großherzigkeit*[190] sind auf erkenntnistheoretischem Terrain als jene Haltungen zu interpretieren, die den Anderen als Dialogpartner im Spiel des Gründe-Verlangens und Gründe-Gebens ernst nehmen und die dem Anderen die Zulassung auf das Forum diskursiver Verständigung nicht versagen. Hier steckt ein enormes selbstkritisches Potenzial der Vernunft gegenüber ihren eigenen Standards: Wer epistemisch freigebig und besonnen ist, der wird sich nicht von überzogenen Rationalitätsstandards blenden lassen.

V. Diesen Tugenden gegenüber steht eine erkenntnistheoretische Version von *Tapferkeit*[191]. Sie drückt sich in meinem reflexiven, aber auch mutig eintretenden, den Kopf hinhaltenden Umgang mit meinen Überzeugungen aus. Nur vor dem Hintergrund dieser Tugend der Tapferkeit wird es verständlich, warum es besser ist, Überzeugungen zu haben, als sie nicht zu haben.

VI. Die Tugend der *Wahrhaftigkeit*[192] kann schließlich gekennzeichnet werden als jene Haltung, der wir den Impuls dafür verdanken, dass wir Überzeugungen einerseits rational verantworten wollen und andererseits so in die eigene, bewusste Lebensführung integrieren, dass dieses Leben von unseren Überzeugungen durchformt wird. Zur Tugend der Wahrhaftigkeit gehört darüber hinaus auch, dass wir die Formung durch Überzeugungen auch uns selbst zuerkennen und dass wir eben diese Formung auch dem Anderen, der uns befragt, zu erkennen geben.

Es bleibt zu fragen, ob diese Tugenden ihrerseits auf irgendeine Weise zu „rechtfertigen" sind. Stellt man sie in die Linie der aristotelischen Ethik zurück, so wird man sie als Urphänomene gelingenden und glückenden Lebens betrachten dürfen. Wenn wir einen Maßstab dieses Glückens umschreiben wollen, werden wir vermutlich nicht umhin kommen zu sagen, dass diese Urphänomene gelingenden Lebens dann plausibel und ihrerseits zustimmungsfähig sind, wenn sich darin sowohl *Freiheit als auch Authentizität* zum Ausdruck bringen. Das sind die beiden Pole, die das Spannungsfeld errichten, in dem sich die Verantwortung von Überzeugungen bewegt.

Wendet man das eben Dargelegte auf den Fall des religiösen Glaubens und den Fall der religiösen Überzeugung an, so ist der Ausgangspunkt für die Verantwortung dieser Überzeugungen gar nicht schlecht: Wo sich zeigen lässt, dass der Glaube an Gott, an sein Wirken in der Zeit und seine Präsenz in der Geschichte ein Weltbild fundiert, das im gleichen Maße Authentizität und Freiheit ermöglicht, da kann von einer Rationalität dieses Weltbildes ausgegangen werden, auch wenn es unter den Bedingungen der Zeit und Endlichkeit nicht möglich ist, unsere Überzeugungen in sicheres Wissen und die relative Wahrheit unserer Sätze in absolute Wahrheit zu verwandeln.

Anmerkungen

[1] PLANTINGA, Alvin: Warranted Christian Belief. Oxford – New York 2000, 67 (Übersetzung TS).

[2] LOCKE, John: Versuch über den menschlichen Verstand, Bd. 2. Aus dem Engl. übers. von C. Winckler, Hamburg – Berlin 1962, 415; der offenkundige Druckfehler wurde ausg. von MACKIE, John L.: Das Wunder des Theismus. Aus dem Engl. übers. von R. Ginters, Stuttgart 1987, 16 f. korrigiert.

[3] HUME, David: Die Naturgeschichte der Religion. Aus dem Engl. übers. und hrsg. von L. Kreimendahl, Hamburg ²2000.

[4] Vgl. HUME: Religion (Anm. 3), 69.

[5] Vgl. hierzu RICKEN, Friedo: Von Hume zu Augustinus – Wege der analytischen Religionsphilosophie. In: KRUCK, Günter (Hrsg.): Gottesglaube – Gotteserfahrung – Gotteserkenntnis. Begründungsformen religiöser Erfahrung in der Gegenwart, Mainz 2003, 177–195, hier 177 f.

[6] HUME: Religion (Anm. 3), 70 f.

[7] HUME: Eine Untersuchung über den menschlichen Verstand. Aus dem Engl. übers. von R. Richter, mit e. Einl. hrsg. von J. Kulenkampff, Hamburg 1993, 154.

[8] Vgl. RICKEN: Wege (Anm. 5), 187–194.

[9] Vgl. WITTGENSTEIN, Ludwig: Vermischte Bemerkungen. Eine Auswahl aus dem Nachlaß hrsg. von G.H. VON WRIGHT, unter Mitarbeit von H. NYMAN. In: Werkausgabe, Bd. 8: Bemerkungen über Farben. Über Gewißheit. Zettel. Vermischte Bemerkungen. Für die vorl. Ausg. neu durchges. von J. Schulte, Frankfurt a. M. ⁴1990, 245–575, hier 488.

[10] WITTGENSTEIN: Vermischte Bemerkungen (Anm. 9), 571.

[11] Vgl. WITTGENSTEIN, Ludwig: Vortrag über Ethik. In: DERS.: Vortrag über Ethik und andere kleine Schriften, hrsg. von J. Schulte, Frankfurt a. M. 1989, 9–19, hier 14 f.

[12] WITTGENSTEIN, Ludwig: Bemerkungen über Frazers *Golden Bough*. In: DERS.: Vortrag über Ethik und andere kleine Schriften (Anm. 11), 29–46, hier 29.

[13] WITTGENSTEIN: Vermischte Bemerkungen (Anm. 9), 570.

[14] Vgl. PEIRCE, Charles S.: Collected Papers, 8 Bde, hrsg. von Ch. Hartshorne/P. Weiss, Cambridge (Mass.) 1965–1979, hier Bd. 6, §§ 494–499 und § 501.

[15] Vgl. PEIRCE: Collected Papers (Anm. 14), §§ 452–493.

[16] Vgl. dazu insges. RICKEN, Friedo: Religionsphilosophie, Stuttgart u. a. 2003, 79–101.

[17] SWINBURNE, Richard: Die Existenz Gottes. Aus dem Engl. übers. v. R. Ginters, Stuttgart 1987.

[18] SWINBURNE: Existenz (Anm. 17), 384.

[19] SWINBURNE: Existenz (Anm. 17), 21.

[20] CLIFFORD, William: The Ethics of Belief. In: PETERSON, Michael/

HASKER, Willliam/REICHENBACH, Bruce/BASINGER, David (Hrsg.): Philosophy of Religion, Selected Readings, 2nd Edit., New York – Oxford 2001, 80–85, hier 85: „[I]t is wrong always, everywhere, and for anyone, to believe anything upon insufficient evidence."

[21] Vgl. CLIFFORD: Belief (Anm. 20), 80 f.

[22] Vgl. JAMES, William: The Will to Believe. In: JAMES, W.: Writings 1878–1899, edit. by F. H. Burkhardt (Harvard University), Cambridge (Mass.) – New York 1992, 445–704, hier 469 f.

[23] Vgl. JAMES: Will to Believe (Anm. 22), 466.

[24] Vgl. JAMES: Will to Believe (Anm. 22), 457 f.

[25] Vgl. JAMES: Will to Believe (Anm. 22), 474–479.

[26] Zu diesem ursprünglich von René DESCARTES stammenden Bild vgl. SEDMAK, Clemens: Systematisch irreführende Äpfel. In: JOAS, Hans (Hrsg.): Was sind religiöse Überzeugungen? Mit Beiträgen von Th. Schärtl, C. Sedmak und K. von Stosch, Göttingen 2003, 54–102, hier 54–64.

[27] Vgl. HELM, Paul: Faith with Reason, Oxford 2000, 43–65.

[28] Vgl. PRICE, Henry H.: Belief, London – New York 1969, 426–454.

[29] Zu den möglichen Verhältnisbestimmungen von *Glaube* und *Wissen* vgl. LUPER, Steven: Belief and Knowledge. In: Routledge Encyclopedia of Philosophy, hrsg. von E. CRAIG, Vol. 1, London – New York 1998, 706–709.

[30] WITTGENSTEIN, Ludwig: Philosophische Untersuchungen (Teil I), Hrsg. von G. E. M. Anscombe/G. H. von Wright/R. Rhees. In: Werkausgabe, Bd. 1: Tractatus logico-philosophicus. Tagebücher 1914–1916. Philosophische Untersuchungen. Für die vorl. Ausg. neu durchges. von J. Schulte, Frankfurt a. M. 4 1988, 234–485, § 150.

[31] Vgl. CHISHOLM, Roderick: Epistemische Ausdrücke. In: BIERI, Peter (Hrsg.): Analytische Philosophie der Erkenntnis. 2., durchges. Aufl., Frankfurt a. M. 1992, 85–90, hier 85.

[32] CHISHOLM: Epistemische Ausdrücke (Anm. 31), 87.

[33] Vgl. GETTIER, Edmund L.: Ist gerechtfertigte, wahre Meinung Wissen? In: BIERI: Erkenntnis (Anm. 31), 91–93.

[34] Vgl. dazu insges. die ausführliche und pointierte Darstellung bei MORELAND, J. P./CRAIG, William L.: Philosophical Foundations for a Christian Worldview, Downers Grove 2003, 75–85.

[35] Vgl. MORELAND/CRAIG: Philosophical Foundations (Anm. 34), 79.

[36] Vgl. MORELAND/CRAIG: Philosophical Foundations (Anm. 34), 79–81.

[37] Vgl. CHISHOLM, Roderick: The Ethics of Requirement. In: American Philosophical Quarterly (1964), 147–153, hier 148 f.; vgl. ferner SWAIN, Marshall: Knowledge, Defeasability Theory Of. In: Encyclopedia (Anm. 29), Vol. 5, 277–280, hier 277.

[38] LEHRER, Keith/PAXSON, Thomas Jr.: Wissen: Unwiderlegt gerechtfertigte, wahre Meinung. In: BIERI: Erkenntnis (Anm. 31), 94–107, hier 96 f.

[39] Vgl. den Vorschlag in LEHRER/PAXSON: Meinung (Anm. 38), 99.

[40] Vgl. MORELAND/CRAIG: Philosophical Foundations (Anm. 34), 82 f.

[41] Vgl. GOLDMAN, Alvin I.: Eine Kausaltheorie des Wissens. In: BIERI: Erkenntnis (Anm. 31), 150–166.

[42] GOLDMAN: Kausaltheorie (Anm. 41), 150 f.

[43] Vgl. GOLDMAN: Kausaltheorie (Anm. 41), 153 f.

[44] Vgl. hierzu NOZICK, Robert: Bedingungen für Wissen. In: BIERI: Erkenntnis (Anm. 31), 167–174, hier 167.

[45] Vgl. hierzu SWAIN, Marshall: Knowledge, Causal Theory Of. In: Encyclopedia (Anm. 29), Vol. 5, 263–266.

[46] Vgl. SWAIN: Causal Theory (Anm. 45), 264 f.

[47] Vgl. SOSA, Ernest: Beyond Scepticism, to the Best of our Knowledge. In: Mind 97 (1988), 153–188, hier 170 f.; vgl. ferner PLANTINGA: Warranted Christian Belief (Anm. 1), 82.

[48] PLANTINGA, Alvin: Ist der Glaube an Gott berechtigterweise basal? In: JÄGER, Christoph (Hrsg.): Analytische Religionsphilosophie, Paderborn u. a. 1998, 317–330, hier 317.

[49] Vgl. ALSTON, William P.: Two Types of Foundationalism. In: JPhil 73 (1976), 165–185.

[50] Vgl. PLANTINGA: Warranted Christian Belief (Anm. 1), 84 f.

[51] Vgl. BONJOUR, Laurence: Die Kohärenztheorie empirischen Wissens. In: BIERI: Erkenntnis (Anm. 31), 239–270; DERS.: Knowledge and Justification, Coherence Theory Of. In: Encyclopedia (Anm. 29), Vol. 5, 253–259.

[52] Vgl. BLOME-TILLMANN, Michael: Foundationalism and Coherentism. From a Contextualist Point of View. In: LÖFFLER, Winfried/WEINGARTNER, Paul (Hrsg.): Knowledge and Belief. Papers of the 26th International Wittgenstein Symposium, Kirchberg a. W. 2003, 42–43, hier 42.

[53] Vgl. BOLME-TILLMANN: Foundationalism (Anm. 52), 42 f.

[54] Vgl. BRENDEL, Elke: Wahrheit und Wissen, Paderborn 1999, 188–196, bes. 188.

[55] MORELAND/CRAIG: Philosophical Foundations (Anm. 34), 76 (Übersetzung T. S.).

[56] Vgl. BRENDEL: Wissen (Anm. 54), 196–202, bes. 196.

[57] Allerdings ist diese Einschätzung sehr umstritten; vgl. dazu den Diskussionsüberblick bei CARAWAY, Carol: Wittgenstein on the Structure of Justification. Breaking New Epistemological Ground. In: LÖFFLER/WEINGARTNER: Knowledge and Belief (Anm. 52), 78–80.

[58] Vgl. PLANTINGA: Warranted Christian Belief (Anm. 1), 94 f.

[59] Vgl. PLANTINGA, Alvin: Reason and Belief in God. In: DERS./WOLTERSTORFF, Nicholas (Hrsg.), Faith and Rationality. Reason and Belief in God, Notre Dame – London 1983, 16–93; WOLTERSTORFF: Can Belief in God be Rational if it Has no Foundations. In: ibid., 135–186. Vgl. weiterführend JÄGER, Christoph: Reformierte Erkenntnistheorie. In: ZphF 55 (2001), 491–515.

[60] Vgl. PLANTINGA: Glaube an Gott (Anm. 48), 326–330.

[61] Vgl. ALSTON, William P.: Religiöse Erfahrung und religiöse Überzeugung. In: JÄGER: Analytische Religionsphilosophie (Anm. 48), 303–316.

[62] Vgl. PLANTINGA, Alvin: Warrant and Proper Function, New York – Oxford 1993, 3–20.

[63] Vgl. PLANTINGA: Warranted Christian Belief (Anm. 1), 167–186; 199–240; 241–289.

[64] Vgl. PLANTINGA: Warranted Christian Belief (Anm. 1), 186–190.

[65] Zu einem ähnlichen Urteil vgl. auch RICKEN: Religionsphilosophie (Anm. 16), 26.

[66] Vgl. WITTGENSTEIN, Ludwig: Über Gewißheit. Hrsg. von G. E. M. ANSCOMBE/G. H. von WRIGHT. In: Werkausgabe, Bd. 8 (Anm. 9), 113–257, hier § 101.

[67] Vgl. WITTGENSTEIN: Über Gewißheit (Anm. 66), § 58.

[68] Vgl. PHILLIPS, Dewi Z.: Faith after Foundationalism, London – New York 1988, 38–53; 75–93.

[69] WITTGENSTEIN: Über Gewißheit (Anm. 66), § 105.

[70] WITTGENSTEIN: Über Gewißheit (Anm. 66), § 7.

[71] Vgl. PLANTINGA: Warranted Christian Belief (Anm. 1), 179.

[72] WITTGENSTEIN: Über Gewißheit (Anm. 66), § 102.

[73] WITTGENSTEIN: Über Gewißheit (Anm. 66), § 96.

[74] WITTGENSTEIN: Philosophische Untersuchungen, Teil II. In: Werkausgabe Bd. 1 (Anm. 30), 487–580, hier 495.

[75] Vgl. zum dahinter stehenden leitenden Dynamismus der Vernunft KANT, Immanuel: Kritik der reinen Vernunft. In: Werkausgabe, Bd. III, hrsg. v. W. WEISCHEDEL. Frankfurt a. M. ⁹1986, B 391.

[76] Vgl. KUTSCHERA, Franz von: Die Teile der Philosophie und das Ganze der Wirklichkeit, Berlin – New York 1998, 41. Zur generellen Kritik am Wissensbegriff vgl. BECKERMANN, Ansgar: Zur Inkohärenz und Irrelevanz des Wissensbegriffs. Plädoyer für eine neue Agenda in der Erkenntnistheorie. In: ZphF 55 (2001), 571–593.

[77] Vgl. KUTSCHERA: Grundfragen der Erkenntnistheorie, Berlin – New York 1981, 37 f.

[78] WITTGENSTEIN: Über Gewißheit (Anm. 66), § 569.

[79] Ich möchte an dieser Stelle Barbara KASTENBAUER für die klärenden Gespräche danken, die zur Differenzierung der Gewissheitsaspekte geführt haben. Zudem danke ich Dr. Werner KISTLER für die Entwicklung der Graphik und den Hinweis auf die elegante Formel.

[80] Vgl. DH 3004.

[81] DH 3008.

[82] DH 3016.

[83] Vgl. hierzu BEINERT, Wolfgang: Theologische Erkenntnislehre. In: DERS. (Hrsg.): Glaubenszugänge. Lehrbuch der katholischen Dogmatik, Bd. 1, Paderborn u. a. 1995, 45–197, hier 91 f.

[84] WITTGENSTEIN: Über Gewißheit (Anm. 66), § 378.

[85] Vgl. SCHEEBEN, Matthias J.: Handbuch der katholischen Dogmatik, Bd. 1, Freiburg i. B. 1873 (ND 1925).

[86] SCHEEBEN: Handbuch (Anm. 85), 270.

[87] Vgl. SCHEEBEN: Handbuch (Anm. 85), 272 f.

[88] Vgl. SCHEEBEN: Handbuch (Anm. 85), 351.

[89] Vgl. SCHEEBEN: Handbuch (Anm. 85), 276 f.

[90] Vgl. SCHEEBEN: Handbuch (Anm. 85), 290 f.

91 Vgl. SCHEEBEN: Handbuch (Anm. 85), 293 f.

92 Vgl. SCHEEBEN: Handbuch (Anm. 85), 320.

93 SCHEEBEN: Handbuch (Anm. 85), 282.

94 SCHEEBEN: Handbuch (Anm. 85), 350 f.

95 Vgl. SCHEEBEN: Handbuch (Anm. 85), 351.

96 Vgl. SCHEEBEN: Handbuch (Anm. 85), 329–334.

97 Vgl. SCHEEBEN: Handbuch (Anm. 85), 335 f.

98 Vgl. SCHEEBEN: Handbuch (Anm. 85), 338 f. und 340–342; 345 f.

99 Vgl. SCHEEBEN: Handbuch (Anm. 85), 342.

100 RAHNER, Karl/VORGRIMLER, Herbert (Hrsg.): Kleines Konzilskompendium. Sämtliche Texte des Zweiten Vatikanums mit Einführungen und Erläuterungen und ausführlichem Sachregister, Freiburg i. B. u. a. ¹⁹1986, 367 f.

101 Vgl. hierzu die grundlegende Studie von TOMBERG, Markus: Glaubensgewißheit als Freiheitsgeschehen. Eine Relecture des Traktats „De analysi fidei". Regensburg 2002 (= Ratio Fidei; Bd. 8).

102 Vgl. BEINERT: Erkenntnislehre (Anm. 83), 79–82.

103 Vgl. KANT: Kritik der reinen Vernunft (Anm. 75), B 599–612.

104 Vgl. DAVIDSON, Donald: Rational Animals. In: DERS.: Subjective, Intersubjective, Objective, Oxford 2001 (ND 2002), 95–105.

105 Vgl. PUNTEL, Lorenz B.: Grundlagen einer Theorie der Wahrheit, Berlin – New York 1990, 15–27.

106 TARSKI, Alfred: Die semantische Konzeption der Wahrheit und die Grundlagen der Semantik. In: SKIRBEKK, Gunnar (Hrsg.): Wahrheitstheorien. Eine Auswahl aus den Diskussionen über Wahrheit im 20. Jahrhundert, Frankfurt a. M. ⁵1989, 140–188, hier 142 f.

107 Vgl. ARISTOTELES: Metaphysik Δ 1011b 26 f.

108 TARSKI: Konzeption der Wahrheit (Anm. 106), 143.

109 TARSKI: Konzeption der Wahrheit (Anm. 106), 144.

110 Vgl. TARSKI: Konzeption der Wahrheit (Anm. 106), 144 f.

111 TARSKI: Konzeption der Wahrheit (Anm. 106), 145.

112 TARSKI: Konzeption der Wahrheit (Anm. 106), 145.

113 Zu der Notwendigkeit der Ebenenunterscheidung vgl. weiterführend PUNTEL, Lorenz B.: Wahrheitstheorien in der neueren Philosophie. Eine kritisch-systematische Darstellung, Darmstadt 1978, 41–61.

114 Vgl. PUNTEL: Wahrheitstheorien (Anm. 113), 52–55.

115 Das ist im Grunde der Kern jener Kritik, die Ernst Tugendhat an Tarskis Überlegungen geübt hat. Vgl. TUGENDHAT, Ernst: Tarskis semantische Definition der Wahrheit und ihre Stellung innerhalb der Geschichte des Wahrheitsproblems im logischen Positivismus. In: SKIRBEKK: Wahrheitstheorien (Anm. 106), 189–223, hier 195–197. Tugendhat kritisiert den Ausfall des Urteilsaspektes. Man kann diesen Aspekt als semiotisch-referenziellen rekonstruieren.

116 Vgl. RAMSEY, Frank P.: Tatsachen und Propositionen. In: SKIRBEKK: Wahrheitstheorien (Anm. 106), 224–225.

117 Vgl. hierzu BRENDEL: Wissen (Anm. 54), 104 f.

118 AYER, Alfred J.: Wahrheit. In: SKIRBEKK: Wahrheitstheorien (Anm. 106), 276–299, hier 278 f.

[119] Vgl. THOMAS VON AQUIN: De veritate q. 1, a. 1 corp.; ferner DERS.: Summa contra Gentiles, I, cap. LIX.

[120] Vgl. hierzu MÜLLER, Klaus: Adäquation/Adäquationstheorie. In: FRANZ, Albert/BAUM, Wolfgang/KREUTZER, Karsten (Hrsg.): Lexikon philosophischer Grundbegriffe der Theologie, Freiburg u. a. 2003, 16 f.

[121] Vgl. PUNTEL: Wahrheitstheorien (Anm. 113), 28.

[122] Vgl. hierzu KREINER, Armin: Ende der Wahrheit? Zum Wahrheitsverständnis in Philosophie und Theologie. Freiburg i. B. 1992, 90–98.

[123] WITTGENSTEIN, Ludwig: Tractatus logico-philosophicus. In: Werkausgabe Bd. 1 (Anm. 30), 7–85, hier 14 f.

[124] WITTGENSTEIN: Tractatus (Anm. 123), 4.22.

[125] WITTGENSTEIN: Tractatus (Anm. 123), 3.22.

[126] WITTGENSTEIN: Tractatus (Anm. 123), 4.26.

[127] WITTGENSTEIN: Tractatus (Anm. 123), 4.51.

[128] Zur neueren Kontroverse vgl. die Textsammlung von WILLASCHEK, Marcus (Hrsg.): Realismus, Paderborn u. a. 2000.

[129] Vgl. hierzu RESCHER, Nicholas: Metaphysical Realism. In: DERS.: A System of Pragmatic Idealism, Vol. I: Human Knowledge in Idealistic Perspective, New York – Oxford 1992, 255–274.

[130] Vgl. SELLARS, Wilfrid: Wahrheit und „Korrespondenz". In: SKIRBEKK: Wahrheitstheorien (Anm. 106), 300–336.

[131] Vgl. SELLARS: Wahrheit (Anm. 130), 329–324.

[132] Vgl. SELLARS: Wahrheit (Anm. 130), 331.

[133] SELLARS: Wahrheit (Anm. 130), 331.

[134] SELLARS: Wahrheit (Anm. 130), 333.

[135] WITTGENSTEIN, Ludwig: Bemerkungen über die Grundlagen der Mathematik. Hrsg. von G. E. M. Anscombe/R. Rhees/G. H. von Wright. In: Werkausgabe, Bd. 6, Frankfurt a. M. ³1989, Teil I, § 4.

[136] Vgl. hierzu RESCHER: Die Kriterien der Wahrheit. In: SKIRBEKK: Wahrheitstheorien (Anm. 106), 337–390, hier 344 f.

[137] Zum Konzept einer Wahrheitstheorie, der ähnliche Intuitionen zugrunde liegen und die man als „homologische Theorie der Wahrheit" in unmittelbarer Nähe der Konsenstheorie ansiedeln darf vgl. KAMLAH, Wilhelm/LORENZEN, Paul: Logische Propädeutik. Vorschule des vernünftigen Redens. 2., verb. und erw. Auflage, Mannheim – Wien – Zürich 1973 (ND 1987), 117–128.

[138] HABERMAS, Jürgen: Wahrheitstheorien. In: DERS.: Vorstudien und Ergänzungen zur Theorie des kommunikativen Handelns, Frankfurt a. M. 1995, 127–183, hier 133. Vgl. dazu auch STRAWSON, Peter F.: Wahrheit. In: SKIRBEKK: Wahrheitstheorien (Anm. 106), 246–275, hier bes. 253 f.

[139] HABERMAS: Wahrheitstheorien (Anm. 138), 135.

[140] Vgl. HABERMAS: Wahrheitstheorien (Anm. 138), 153.

[141] Vgl. HABERMAS: Wahrheitstheorien (Anm. 138), 166–170.

[142] Vgl. HABERMAS: Wahrheitstheorien (Anm. 138), 170–172.

[143] HABERMAS: Wahrheitstheorien (Anm. 138), 160.

[144] HABERMAS: Wahrheitstheorien (Anm. 138), 177 f.

[145] Zu ähnlich gelagerten „Zulassungsvoraussetzungen" für den Diskurs vgl. KAMLAH/LORENZEN: Propädeutik (Anm. 137), 119.

[146] Vgl. HABERMAS: Wahrheitstheorien (Anm. 138), 180–183.

[147] Vgl. HABERMAS: Wahrheit und Rechtfertigung. Zu Richard Rortys pragmatischer Wende. In: DERS.: Wahrheit und Rechtfertigung. Philosophische Aufsätze, Frankfurt a. M. 1999, 230–270, hier 254.

[148] Vgl. HABERMAS: Wahrheit (Anm. 147), 258 f.

[149] Vgl. WITTGENSTEIN: Philosophische Untersuchungen (Anm. 30), § 206.

[150] Vgl. HABERMAS: Richtigkeit versus Wahrheit. Zum Sinn der Sollgeltung moralischer Urteile und Normen. In: DERS.: Philosophische Aufsätze (Anm. 147), 271–318, hier 294 f.

[151] Vgl. HABERMAS: Richtigkeit (Anm. 150), 296–307.

[152] Vgl. hierzu die ausführliche Darstellung und Diskussion der verschiedenen Ansätze bei RESCHER: Kriterien (Anm. 136), 361–378.

[153] Vgl. DAVIDSON, Donald: A Coherence Theory of Truth and Knowledge. In: DERS.: Subjective (Anm. 104), 137–153, hier 141–146.

[154] Vgl. RESCHER: Kriterien (Anm. 136), 338.

[155] Vgl. RESCHER: Kriterien (Anm. 136), 349.

[156] Zur detaillierten Diskussion vgl. RESCHER: Kriterien (Anm. 136), 370–378.

[157] Zum Aufbau einer formalen Logik, die auf dieser dialogischen Situation ruht, vgl. KAMLAH/LORENZEN: Propädeutik (Anm. 137), 209–225.

[158] Als Metaphysik kann man jenes denkerische Unternehmen verstehen, das eine Theorie zu formulieren versucht, die von dem handelt, was *ist*, bzw. von den Kategorien dessen, was *ist*, was es überhaupt gibt und wie es sich verhält.

[159] Vgl. RESCHER: Kriterien (Anm. 136), 367 f.

[160] Vgl. RESCHER: A Coherentist Criteriology of Truth. In: DERS.: A System of Pragmatic Idealism I (Anm. 129), 157–182, hier bes. 161–182.

[161] Vgl. RESCHER: Coherentist Criteriology (Anm. 160), 175 f.

[162] Vgl. RESCHER: Coherentist Criteriology (Anm. 160), 177.

[163] Vgl. RESCHER: Coherentist Criteriology (Anm. 160), 170 f.

[164] Vgl. oben Anm. 107.

[165] Vgl. zu einer ähnlich „synthetischen" Sicht auch PANNENBERG, Wolfhart: Systematische Theologie, Bd. 1, Göttingen 1988, 62 f.

[166] Vgl. AUGUSTINUS: De Civitate Dei, Lib. VI, cap. 12 und Lib. XIX, cap. 22.

[167] Vgl. PUNTEL, Lorenz B.: The Rationality of Theistic Belief and the Concept of Truth. In: BRÜNTRUP, Godehard/TACELLI, Ronald K. (Hrsg.): The Rationality of Theism, Dodrecht – Boston – London 1999, 39–60, hier bes. 45.

[168] Vgl. hierzu weiterführend GROVER, Dorothy L./CAMP, Joseph L./BELNAP, Nuel D.: Eine prosentientiale Theorie der Wahrheit. In: PUNTEL, Lorenz B. (Hrsg.): Der Wahrheitsbegriff. Neue Erklärungsversuche, Darmstadt 1987, 65–125.

[169] Vgl. HELM: Faith with Reason (Anm. 27), 47–49, 53–58.

[170] PANNENBERG: Systematische Theologie 1 (Anm. 165), 63.

[171] JAMES, William: Der Wahrheitsbegriff des Pragmatismus. In: SKIRBEKK: Wahrheitstheorien (Anm. 106), 35–58, hier 49 f.

[172] Vgl. AUGUSTINUS: De libero arbitrio II, X, 28–XIII, 36.

[173] Zum Begriff einer systeminternen Rationalität vgl. RICKEN, Friedo: „Perspicuous Representation" and the Analogy of Experience. In: BRÜNTRUP/TACELLI: The Rationality of Theism (Anm. 167), 161–175 und DALFERTH, Ingolf U.: Kombinatorische Theologie. Probleme theologischer Rationalität, Freiburg i. B. u. a. 1991 (= QD 130), 65–71.

[174] Vgl. SIMON, Lawrence H.: Rationality and Cultural Relativism. In: Encyclopedia (Anm. 29), Vol. 8, 80–86, bes. 81 f.

[175] Vgl. DAVIDSON, Donald: Radikale Interpretation. In: DERS.: Wahrheit und Interpretation, Frankfurt a. M. ²1994, 183–203; ferner DERS.: Der Begriff des Glaubens und die Grundlage der Bedeutung. In: ibid., 204–223.

[176] Vgl. BRANDOM, Robert B.: Expressive Vernunft. Begründung, Repräsentation und diskursive Festlegung, Frankfurt a. M. ²2000.

[177] Vgl. BRANDOM: Expressive Vernunft (Anm. 176), 272–295.

[178] Vgl. BRANDOM: Expressive Vernunft (Anm. 176), 299.

[179] Vgl. BRANDOM: Expressive Vernunft (Anm. 176), 300 f.

[180] Vgl. MÜLLER, Klaus: Wieviel Vernunft braucht der Glaube? Erwägungen zur Begründungsproblematik. In: DERS. (Hrsg.): Fundamentaltheologie. Fluchtlinien und gegenwärtige Herausforderungen, Regensburg 1998, 77–100, hier bes. 88–100.

[181] Vgl. WITTGENSTEIN: Über Gewißheit (Anm. 66), §§ 128, 129, 144.

[182] Vgl. WITTGENSTEIN: Über Gewißheit (Anm. 66), § 140.

[183] Vgl. hierzu PUTNAM, Hilary: Für eine Erneuerung der Philosophie. Übers. v. J. Schulte, Stuttgart 1997, 182–200.

[184] Vgl. ZAGZEBSKI, Linda T.: *Phronesis* and Christian Belief. In: BRÜNTRUP/TACELLI: The Rationality of Theism (Anm. 167), 177–194, hier 188 f.

[185] Vgl. dazu FAIRWEATHER, Abrol/ZAGZEBSKI, Linda T. (Hrsg.): Virtue Epistemology. Essays on Epistemic Virtue and Responsibility, Oxford 2001.

[186] Vgl. ARISTOTELES: Nikomachische Ethik 1103a 5 f. Vgl. dazu auch TILLEY, Terence W.: The Wisdom of Religious Commitment, Washington 1995, 93–118.

[187] Vgl. ARISTOTELES: Nikomachische Ethik 1117b 23–1119b 18.

[188] Vgl. ARISTOTELES: Nikomachische Ethik 1129a 3–1131b 24.

[189] Vgl. ARISTOTELES: Nikomachische Ethik 1119b 21–1122a 16.

[190] Vgl. ARISTOTELES: Nikomachische Ethik 1122a 18–1125a 34.

[191] Vgl. ARISTOTELES: Nikomachische Ethik 1115a 8–1117b 21.

[192] Vgl. ARISTOTELES: Nikomachische Ethik 1127a 32–b 33.

Stichwort: Wahrheit und Gewissheit

Die Frage nach der Wahrheit des religiösen, insbesondere des christlichen Glaubens erfordert eine differenzierte Antwort: Zunächst ist daran festzuhalten, dass der Gegenstand des religiösen Glaubens keine Hypothese im rein wissenschaftlichen Sinne ist. Er ist so existenziell mit dem Leben des Menschen verwoben und rangiert auf einer derart grundsätzlichen Ebene, dass man die Ausdrucksformen des Glaubens (Gebet, Ritual etc.) zu den Grundvollzügen menschlichen Lebens rechnen muss, über deren Existenzberechtigung die Vernunft nicht entscheiden kann. Andererseits sind mit dem Glauben immer auch Behauptungen verbunden. Anders gesagt: Auch der religiöse Glaube macht Aussagen, die kognitiv relevant sind. Sobald dies geschieht, wird eine Ebene beschritten, in der die Wahrheitsfrage verbunden mit der Gewissheits- und der Rationalitätsthematik aufkommen muss:

1) In Hinsicht auf die Wahrheitsfrage kann der Glaube, sobald er diese kognitive Ebene beschritten hat, kein Sonderrecht beanspruchen. Vielmehr gilt es, allgemein zu klären, was unter „Wahrheit" und „Kriterien von Wahrheit" verstanden werden kann und wie dieses Verständnis für den religiösen Glauben von Belang ist. Schon diese Frage ist relativ kompliziert, zeigt doch die Diskussion um die so genannten Wahrheitstheorien, dass keine Einhelligkeit hinsichtlich der Bedeutung und der Kriterien von „wahr" vorausgesetzt werden kann. Eine genauere Analyse dieser Wahrheitstheorien vermag zu zeigen, dass die so genannte Korrespondenztheorie, die Wahrheit als Übereinstimmung von Urteil (Satz) und Wirklichkeit (Sachverhalt) definiert, zwar als intuitiv richtig eingestuft werden kann, dass es jedoch nicht möglich ist, dieses Konzept in schlüssige Kriterien umzugießen. Was diese Möglichkeit betrifft, so erwei-

sen sich alternative Theorien, die auf Konsens oder Kohärenz abheben, als weitaus effektiver. Wendet man dies auf den religiösen Glauben und die mit ihm verbundenen Aussagen an, so kann man als Kriterium der Wahrheit dieser Aussagen eine via Konsens festgestellte Kohärenz angeben. Die Tatsache, dass es alternative Systeme und Weltbilder gibt, deren Geltung nicht von vornherein negativ beschieden werden kann, zeigt jedoch, dass wir für die Sätze des christlichen Glaubens nur eine relative Wahrheit – relativ zu einem theistischen Weltbild und System – beanspruchen können. Der Leitstrahl einer absoluten Wahrheit hält uns jedoch dazu an, eine maximale Kohärenz zu suchen, die alle möglichen Sätze mit einem eindeutigen und fixen Wahrheitswert versieht. Dieses Ideal treibt uns an, um rational und diskursiv auf alternative Weltanschauungen und Systeme zuzugehen. Im Kern dieses Ideals finden wir die Gottesidee wieder, in der eine Verbindung von allem mit allem ausgedrückt und angezielt ist, eine letztverbindliche Einheit, in der alles (auch alle Sätze) einen eindeutigen Ort zugewiesen bekommt.

2) Fragt man nach der Gewissheit und der Rationalität des religiösen Glaubens, so kommt man nicht umhin, zunächst das Verhältnis von Wissen und Glauben zu klären. Denn es sind die erkenntnistheoretischen Ansprüche, die mit dem Wissensbegriff verbunden sind, die den Anschein erwecken, als habe der Glaube (auch der religiöse Glaube) nur einen minderen, nachrangigen Wert. Doch Detailanalysen fördern Erstaunliches zutage: a) Es gibt keine klar angebbaren Kriterien für die Bestimmung von Wissen. Der Versuch, ein Drei-Säulen-Modell (Glaube – Wahrheit – Rechtfertigung) zu etablieren, kann im Rückblick auf die erkenntnistheoretischen Diskussionen des 20. Jhdts. als gescheitert gelten (vgl. Grafik S. 166). b) Alle Versuche, das Drei-Säulen-Modell zu erweitern oder zu renovieren, führen nicht selten entweder zu einem zu engen oder zu stark verwässerten Wissensbegriff. c) Zusätzliche Analysen kön-

WISSEN

GLAUBE · WAHR · GERECHT-FERTIGT

nen zudem belegen, dass im Kern von Wissen etwas gegeben ist, das ebenfalls zum Kern von Glauben gehört: ein Moment der Anerkennung – im Sinne der Anerkennung voraussetzungsloser Voraussetzungen, die sagen, wann eine Annahme als gerechtfertigt gelten kann etc. d) Es ist möglich, eben diese voraussetzungslosen Voraussetzungen selbst zum Thema zu machen, um die Gewissheitsthematik nicht vom Wissen, sondern vom Glauben her aufzuzäumen. Der Begriff der Überzeugung könnte hierfür den Ausgangspunkt bilden. Überzeugungen sind Grundlage unseres Wissens, geben Maßstäbe für die Fertigkeit des Wissens vor, können ihrerseits aber nicht in sicheres Wissen überführt werden. Weil schließlich durch Überzeugungen meine Identität und mein Weltbild zum Thema werden, kann der religiöse Glaube in seiner Tiefenstruktur auch als Überzeugtsein begriffen werden. Die Gewissheit des Glaubens ist eine, die mit dem Festhalten-Können und Festhalten-Müssen an Überzeugungen zu tun hat.

3) Überzeugungen können nicht mit den herkömmlichen (ihrerseits durchaus umstrittenen) Maßstäben von Wissen nach ihrer Rationalität beurteilt werden. Hier hilft nur ein Schritt auf eine andere Ebene: Die Güte von Überzeugungen gibt Auskunft über ihre Dignität. Wer sich an dieser Güte orientiert – nämlich an den Maßstäben Freiheit und Authentizität, an der Weise, wie Überzeugungen sich in unserem Leben bewähren –, der bekundet ein hinreichend verantwortungsvolles Umgehen mit Überzeugungen. Gleiches gilt für den religiösen Glauben und die Verantwortung in einer pluralen Welt.

Kleines Wörterbuch

Adäquationstheorie der Wahrheit
Theorie, die Wahrheit als Übereinstimmung von Urteil und Wirklichkeit (Satz und Sachverhalt) definiert.

Angelsätze
Sätze, die das Gerüst meines Weltbildes bilden, so dass man nicht sinnvoll nach ihrer Wahrheit oder Falschheit fragen kann, weil sie den Maßstab für „wahr" und „falsch" festlegen.

Analysis Fidei
Analyse des religiösen Glaubens in Hinsicht auf seinen kognitiven (Erkenntnis), seinen freiheitlichen (Zustimmung) und seinen gnadenhaften (Geschenk Gottes) Aspekt.

Apriori
voraussetzungslose (erfahrungsunabhängige) Voraussetzung unseres Wissens und Tuns.

Begründungsspiel
spieltheoretisches Modell für den Begriff der rationalen, argumentativen Auseinandersetzung.

Determinationstheorie der Wahrheit
Theorie, die den Wahrheitswert entlang der Bestimmtheit oder Unbestimmtheit eines Satzes relativ zu einem Satzsystem angibt.

Epistemische Einstellung
Akte und Bezüge, die von einem erkenntnisbegabten Subjekt im Bezug auf Sachverhalte hergestellt werden und die sich als Meinen, Glauben oder Wissen äußern.

Evidentialismus (EV)
Erkenntnis-Ethos, das für das Festhalten an einer bestimmten Annahme immer ausreichende Gründe einfordert.

Externalismus (EXT)
Strategie, die für die Bekräftigung der Geltung einer Annahme auch Faktoren als zulässig erachtet, die einer Person,

welche die entsprechende Annahme hat, gar nicht bewusst sein müssen und daher äußerlich sind.

Fideismus
Auffassung, die den religiösen Glauben für unbegründbar, begründungsunbedürftig oder vernunftentzogen hält.

Foundationalismus (FD)
erkenntnistheoretische Auffassung, die Rechtfertigung als Begründung auf sicheren Fundamenten versteht, die z. B. durch Vernunftwahrheiten oder Sinneswahrnehmungen gebildet werden.

Gewissheit (GW)
geistiger Zustand der Sicherheit, der sich am besten verhaltenstheoretisch als unbedingtes Festhalten an Annahmen bzw. Überzeugungen umschreiben lässt.

Internalismus (INT)
erkenntnistheoretische Strategie, die für die Rechtfertigung des Festhaltens an einer Annahme nur solche Faktoren zulässt, deren sich eine Person, die diese Annahme hat, auch bewusst ist und sein kann.

Kategorischer Imperativ der Überzeugungen (KIÜ)
Verallgemeinerungsgrundsatz für Überzeugungen, der ihre ethischen Implikationen freilegt.

Kausaltheorie des Wissens (CT)
Auffassung, die für die Bestimmung von Wissen eine Kausalbeziehung zwischen dem gewussten Sachverhalt und jener Annahme, die als Wissen gelten soll, veranschlagt.

Kohärenztheorie der Wahrheit
Theorie, die als Kriterium für die Wahrheit eines Satzes seinen logischen, begrifflichen und inhaltlichen Zusammenhang mit anderen Sätzen angibt.

Kohärenztheorie des Wissens
Auffassung, die für jene Begründung, die aus einem geglaubten einen gewussten Satz machen soll, eine Beziehung zu anderen Sätzen oder zu einem Satzsystem heranzieht, wobei diese anderen Sätze keine Basissätze sein müssen.

Konsenstheorie der Wahrheit
Theorie, die als Kriterium für die Wahrheit eines Satzes den innerhalb eines (entsprechend bestimmter Voraussetzungen herbeigeführten) Diskurses erzielten Konsens angibt.

Korrespondenztheorie der Wahrheit
Theorie, die Wahrheit als Entsprechung von Urteil und Wirklichkeit (Satz und Sachverhalt) definiert.

Proposition
Gehalt eines Satzes – ermittelt als Inhaltsgleichheit gestaltverschiedener Sätze („Es regnet" ↔ „It is raining").

Redundanztheorie der Wahrheit
Auffassung, welche die Formel „Es ist wahr, dass p" mit Bezug auf den Satz p für überflüssig hält, weil die Äußerung dieses Satzes an der Stelle der besagten Formel genüge.

Reformed Epistemology (RE)
erkenntnistheoretische Strategie, welche die hohen Anforderungen an den Wissens- und Rationalitätsbegriff kritisch reflektiert, auf externalistische Motive zugreift und übertriebene Begründungsanforderungen an den religiösen Glauben als fragwürdig ansieht.

Sprechakt
die mit einer Äußerung verbundene Handlung (z.B. Bitten, Grüßen, Behaupten, Fragen, Befehlen …).

Skepsis/Skeptizismus
erkenntnistheoretische Position, die davon ausgeht, dass es kein (sicheres) Wissen gibt und geben kann.

Verlässlichkeitstheorie des Wissens (VT)
Strategie, die an die Stelle der Begründungsanforderung für Annahmen, die als gewusst gelten sollen, das Konzept der Verlässlichkeit setzt.

Virtue Epistemology
erkenntnistheoretische Strategie, die Rationalität und Bewahrheitung als Maßstäbe für ein Ethos der Erkenntnis begreift, das seinerseits durch bestimmte Haltungen (Tugenden) konkretisiert werden muss.

Wahrheitskonvention (T)
von Alfred Tarski etablierte Formel, um den Ausdruck
„wahr" zu erläutern: „X ist wahr genau dann, wenn p",
wobei „X" als Name für den (einen bestimmten Sachverhalt
benennenden) Satz p aufzufassen ist.

Weiterführende Literatur

Die wichtigsten Weichenstellungen in der Diskussion um die Vernünftigkeit des religiösen Glaubens werden seit geraumer Zeit im angloamerikanischen Sprachraum gestellt. Die Fachzeitschriften **Faith and Philosophy, Religious Studies, Noûs** und **International Journal for the Philosophy of Religion** geben seit Jahrzehnten einen guten Einblick in die jeweils aktuelle Debattenlage. Die folgenden Buchtitel bieten nur eine beschränkte Auswahl.

Brüntrup, Godehard; Tacelli, Ronald K. (Hrsg.): The Rationality of Theism. Dodrecht – Boston – London 1999. – Der Sammelband bietet eine Reihe von Beiträgen namhafter Autorinnen und Autoren aus dem deutschen und angloamerikanischen Raum. In vergleichsweise prägnanten Artikeln wird der Zugang zur aktuellen Debatte zur Frage nach der Vernünftigkeit des Glaubens eröffnet.

Helm, Paul: Faith with Reason. Oxford 2000. – Die kurze, aber präzise konzipierte Monographie entwickelt einen Ansatz zur Rechtfertigung des Glaubens auf der Grundlage kohärentistischer Einsichten.

Kompa, Nikola: Wissen und Kontext. Eine kontextualistische Wissenstheorie. Paderborn 2001. – Die Dissertation führt in souveräner Weise durch das Labyrinth konkurrierender Wissenstheorien und formuliert einen eigenständigen kontextualistischen Wissensbegriff.

Kreiner, Armin: Ende der Wahrheit? Zum Wahrheitsverständnis in Philosophie und Theologie. Freiburg i. B. – Basel – Wien 1992. – Die Habilitationsschrift ist eine durchaus anspruchsvolle Lektüre. Sie bietet aber die bis dato immer noch umfangreichste und beste Diskussion verschiedener Wahrheitstheorien in philosophischem und theologischem Kontext.

Kutschera, Franz von: Vernunft und Glaube. Berlin – New York 1991. – Der Beitrag des emeritierten Regensburger Philosophen sucht einen Ansatzpunkt jenseits von Fideismus und Rationalismus. Das Augenmerk liegt auf einem Rationalitätsbegriff, der um den Aspekt der Bewährung kreist.

Loichinger, Alexander: Ist der Glaube vernünftig? Zur Frage nach der Rationalität in Philosophie und Theologie, 2 Teile. (= BzFthRph Bd. 3) Neuried 1999. – Die umfangreiche Habilitationsschrift ist wohl die gründlichste Aufarbeitung der Gegenwartsdebatte um die Vernünftigkeit des Glaubens und um den Vernunftbegriff überhaupt. Trotz des wissenschaftlichen Sprachniveaus ist sie gut und spannend zu lesen.

Meyer zu Schlochtern, Josef: Glaube – Sprache – Erfahrung. Zur Begründungsfähigkeit der religiösen Überzeugung. Frankfurt a. M. u. a. 1978 (= RST Bd. 15). – Die schon etwas ältere Dissertation des Paderborner Fundamentaltheologen ist ein Geheimtipp: Sie kann als ein früher, gelungener Entwurf einer Rezeption angloamerikanischer Debatten im deutschen Sprachraum gelten. Angelpunkt ist der Begriff der religiösen Erfahrung, der als Grundlage für den Ausweis der Rationalität des religiösen Glaubens konzipiert ist.

Moreland, J. P.; Craig, William L.: Philosophical Foundations for a Christian Worldview. Downers Grove 2003. – Derzeit ist dieses umfängliche Buch die beste Einführung in die analytische Religionsphilosophie unter systematischer Rücksicht. Von der Frage nach der Vernünftigkeit des Glaubens führt ein weiter Bogen bis hin zu den Möglichkeiten, Gottes Attribute konsistent zu denken.

Müller, Klaus: An den Grenzen des Wissens. Einführung in die Philosophie für Theologinnen und Theologen. Regensburg 2004. – Diese Einführung enthält u. a. gut und verständlich aufbereitete Analysen der klassischen Wahrheitstheorien und präsentiert einen eigenständigen Ansatz als Antwort auf die Frage, ob der religiöse Glaube vernünftig ist.

Plantinga, Alvin: Warranted Christian Belief. New York – Oxford 2000. – Der dritte Teil der „Warrant"-Trilogie ermöglicht unmittelbaren Zugriff auf den Ansatz der Reformed Epistemology.

Ricken, Friedo: Religionsphilosophie. Stuttgart u. a. 2003. – Hier sucht der Autor nach philosophiegeschichtlichen Spuren von Augustinus bis Wittgenstein, die einen anti-intellektualistischen Glaubens- und Religionsbegriff stützen. Die prägnanten Detailuntersuchungen formieren sich zu einem aussagekräftigen Gesamtbild.

Tilley, Terence W.: The Wisdom of Religious Commitment. Washington 1995. – Unter dem Stichwort „Weisheit" wird ein tugendethisches Vernunftkonzept präsentiert, das auf die Befassung mit dem religiösen Glauben anwendbar ist.

Wiertz, Oliver J.: Begründeter Glaube? Rationale Glaubensverantwortung auf der Basis der Analytischen Theologie und Erkenntnistheorie. Mainz 2003 – Die Dissertation bietet eine sehr gute Durchsicht durch die aktuelle angloamerikanische Debatte um das Verhältnis von Glaube und Wissen. Ergebnisse der analytischen (Religions-)Philosophie werden dabei mit theologischen Diskursen im Rahmen der Analysis Fidei (exemplifiziert an J. Kleutgen) verzahnt.

Personenregister